中小学
公共安全教育实操12课

厦门市教育局　厦门市教育科学研究院　编

海峡出版发行集团 | 福建人民出版社
THE STRAITS PUBLISHING & DISTRIBUTING GROUP | FUJIAN PEOPLE'S PUBLISHING HOUSE

前言

“公共安全教育要从娃娃抓起。”中小学生的公共安全问题，事关青少年的健康成长，事关千家万户的平安和幸福。

学校开展公共安全教育，是增强学生安全意识、提高安全问题防范能力的重要途径。当前，学校公共安全教育已趋于常态化，但普遍存在重理论轻实践、重演示轻操作等现象，导致学生遇到一些突发安全事件时往往出现手忙脚乱、无所适从的问题。通过开展富有特色的安全教育课程，让学生易学、易懂、易做、易自救、易互助，就显得十分重要。

《中小学公共安全教育实操12课》由厦门市教育局、厦门市教育科学研究院组织编写，以当前中小学公共安全领域的十二个典型为案例，以“培养学生终身会用的安全实操技能”为愿景，确立了“人人可以学会的公共安全实操技能”“人人都要在课堂中实际操作的技能”等基本原则。根据学生的技能学习规律，案例中规划设计了明晰的教学流程、完整的教学环节、实用的教学评价工具等，并匹配了课程开发故事及教学反思，促使公共安全教育从知识走向技能，从知道走向使用，从个别走向全体。

学生安全无小事，健康成长是根本。愿这本安全之书让学生学会自护、自救、互助的安全技能，自如应对各类安全问题；愿这本书为各学校及教师开展公共安全教育提供助力和参考，让安全教育不再说得多做得少。

目录

第 1 课　安全防护之校园反恐防暴技能

<table>
<tr><td>课题</td><td>安全防护之校园反恐防暴技能</td><td>类型</td><td>安全防护
实操课</td><td rowspan="3">教学视频</td></tr>
<tr><td>执教者单位及姓名</td><td>福建省厦门实验小学　朱铧莹</td><td>适用年级</td><td>1—3 年级</td></tr>
<tr><td>指导者单位及姓名</td><td colspan="3">福建省厦门实验小学　林卫红　李　静</td></tr>
<tr><td colspan="5">背景分析</td></tr>
<tr><td colspan="5">2008 年，公安部反恐怖局印发了《公民防范恐怖袭击手册》，指导公民如何及时发现涉恐迹象，在面对恐怖袭击时采取正确措施规避危险，掌握紧急情况下的自救和互救知识，以最大限度地降低危害。
厦门是一座开放的沿海城市，人员混杂，存在一定的暴恐风险。校园本应是学生快乐、安全成长的场所，但是近年来不断发生的校园恐怖袭击事件，让校园的反恐防暴安全教育工作变得越来越重要。
小学校园的情况存在特殊性：人员聚集，大部分是未成年人，年龄特点有较大差异。如何提高学生对危险的判断能力，让其学会自救与互救？希望通过本课的教学，进一步增强学生的安全防范意识，让学生掌握安全防范知识和自救互救技能，学会规避危险，做自己的“首席安全官”。</td></tr>
<tr><td colspan="5">技能分析</td></tr>
<tr><td colspan="5">主要采取讲授法、讨论法、演示法对以下技能进行教学训练。
1. 在教室遇到暴恐事件时的动作要点。
（1）关闭门窗，锁上门；
（2）躲藏在桌旁，安静观察形势。</td></tr>
</table>

续表

2. 教室中躲藏的动作要点。 (1) 蹲在桌子旁边; (2) 头不超过桌面; (3) 手抓住椅子上的书包背带; (4) 眼睛注意观察教室门口方向,保持安静。 3. 教室中防御的动作要点。 (1) 双手握书包,书包背面贴紧前胸; (2) 面朝门口方向,保持安静、警惕; (3) 与班级同学保持同样节奏,向远离门口的角落快速后退或躲到老师身后。 4. 操场上遇到歹徒时的动作要点。 (1) 快跑:散开,向远离歹徒的方向逃跑; (2) 躲藏:躲藏在不易被歹徒发现的地方; (3) 报警:在不会被歹徒发现的情况下报告老师或报警,说清事件发生的地点和歹徒的人数等。 5. 校门口遇到歹徒时的动作要点。 与操场上遇到歹徒时的要点相同,尽量往学校方向跑,回到学校避险。
学生分析
小学低学段学生年龄小,生活经验少,好奇心强,不知危险,这些都是不安全的因素。学生关于反恐防暴的意识还比较薄弱,面对突发的危险,缺乏一定的安全防范知识和自救互救技能。
教学目标
1. 通过案例、视频,引导学生认识到当代小学生具备反恐防暴知识的重要性和必要性。 2. 通过现场模拟,增强学生的反恐防暴意识。 3. 通过示范及反复的动作训练,提升学生的反恐防暴能力,进而在维护学校的安全稳定方面发挥积极的作用。
教学资源
学校反恐视频,安全演练资料(含教室中、操场上及校门口逃生的相关视频与路线照片),恐怖袭击资料。

续表

教学重点

遇到恐怖分子挟持人质乱砍伤人等危险突发状况时，该如何应对？

教学难点

掌握在教室、操场和校门口等不同地点躲避歹徒的动作要点。

教学流程

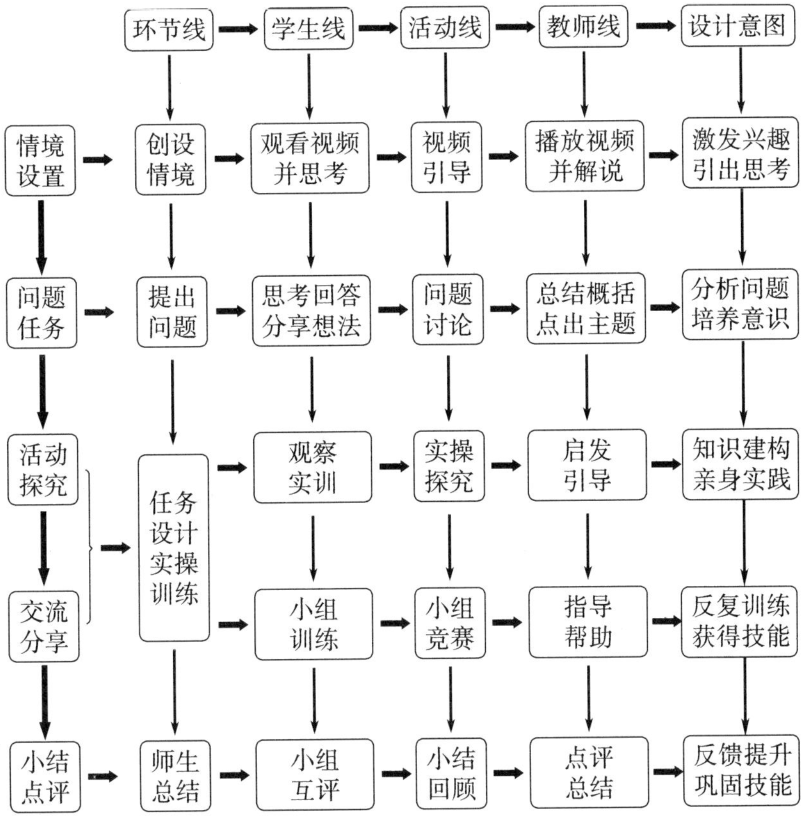

过程设计	学生活动	教师活动	设计意图
（一）视频导入，了解反恐演习	观看演习视频，了解歹徒入校情况。	播放视频。 通过谈话，引导学生重视这次训练活动。	做好反恐演习规范训练前的动员。

续表

过程设计	学生活动	教师活动	设计意图
（二）教室反恐情景模拟，规范动作技能	1. 观看教室反恐防暴演习视频，畅谈感受。 2. 实战演练，提炼要点。 （1）在教室遇到暴恐事件时的动作要点。 ①关闭门窗，锁上门； ②躲藏在桌旁，安静观察形势。 （2）教室中躲藏的动作要点。 ①蹲在桌子旁边； ②头不超过桌面； ③手抓住椅子上的书包背带； ④眼睛注意观察教室门口方向，保持安静。 （3）教室中防御的动作要点。 ①双手握书包，书包背面贴紧前胸； ②面朝门口方向，保持安静、警惕； ③与班级同学保持同样节奏，向远离门口的角落快速后退或躲到老师身后。	1. 播放演习视频，强调在演练的过程中，不能躲在课桌下交头接耳，因为注意力不集中，很有可能错失逃生的良机。所以，动作的正确与规范是很重要的。 小结：一定要冷静，不能引起歹徒的注意。 2. 提问：如果歹徒真的进入了教室，同学们应该怎么做？请一位同学上台模拟用书包保护头、身体。 小结：通过刚才的演练，我们知道了危险来临时要冷静，快速逃离，注意躲藏。	通过观看视频、讨论总结要点、实践训练等循序渐进的方式，强化学生的反恐防暴意识，规范学生的反恐防暴动作技能。

续表

过程设计	学生活动	教师活动	设计意图
（三）操场反恐情景模拟，规范动作技能	1. 观看操场反恐演习视频，畅谈感受。 2. 实战演练，提炼要点。 ①快跑：散开，向远离歹徒的方向逃跑； ②躲藏：躲藏在不易被歹徒发现的地方； ③报警：在不会被歹徒发现的情况下报告老师或报警，说清事件发生的地点和歹徒的人数等。	1. 播放演习视频，组织学生讨论。 2. 小结：训练过程中，保持安静最重要，要注意向远离歹徒的方向逃跑。	通过观看视频、讨论总结要点、实践训练等循序渐进的方式，强化学生的反恐防暴意识，规范学生的反恐防暴动作技能。
（四）校门口反恐情景模拟，规范动作技能	1. 观看校门口暴恐案例视频，畅谈感受。 2. 观看校门口反恐演习视频，提炼要点：快跑、躲藏、报警。 3. 实战演练，了解躲藏地点与方式：与操场上遇到歹徒时的要点相同，尽量往学校方向跑，回到学校避险。	1. 播放视频，强调这些都是真实发生的恐袭事件，说明反恐防暴的重要性。 2. 播放演习视频，组织学生讨论。 3. 小结：在训练过程中，保持安静最重要，回到学校更安全。	以真实的案例视频导入，引起学生的重视，在实地训练中向学生强调纪律性，从而更好地达到教学目的。

续表

过程设计	学生活动	教师活动	设计意图
（五）模拟场景，小组竞赛组织自救	全班分为3个小组，计时比赛，比一比：哪一组的同学速度最快，最安静，动作最规范？ 评出安全小组，学生点评。	小结：在刚才的模拟训练中，还有人发出声音甚至大声叫喊，有一些人选择的路线不对，离歹徒太近了。接下来，同学们要注意这些问题。如果遇到紧急情况，请同学们按照今天的安全预案，有序地向远离歹徒的方向撤离。	通过实地训练，学生能亲身感受真实环境中的各种复杂情况，提高自我防护能力。 通过模拟反恐防暴场景，分小组竞赛组织自救，强化学生的自我保护意识与能力。
（六）学习儿童反恐防暴顺口溜	1. 阅读与了解《公民防范恐怖袭击手册》。 （1）保持冷静，不要反抗。 （2）尽可能趴在地上，找准时机脱离现场。 2. 记顺口溜。 上学路，善观察， 遇危险，莫慌张， 巧闪避，快逃离， 找机会，速报警。 教室内，要镇静， 关门窗，拉窗帘， 桌顶门，蹲下身， 静待援，保安全。	1. 组织学习《公民防范恐怖袭击手册》。 2. 组织朗读顺口溜。	用顺口溜强化所学的内容。

续表

过程设计	学生活动	教师活动	设计意图
（七）总结		总结：今天进行了规范的反恐演习训练。恐袭事件发生时，一要安静，保持冷静；二要懂得远离危险，保护好自己。生命可贵，反恐意识一定要常驻心间。	
板书设计	安全防护之校园反恐防暴技能 教室里、操场上、校门口 } 安静、自卫 → 快跑、躲藏、报警		

附件：

校园反恐防暴技能考核表

被考核人：　　　　　　考核时间：　　　　　　考核人：

考核项目	考核内容	分值	操作标准	得分
暴恐事件发生时的正确处理知识	《公民防范恐怖袭击手册》	20	（1）保持冷静，不要反抗； （2）尽可能趴在地上，找准时机脱离现场。	
教室反恐防暴，规范动作技能	在教室遇到暴恐事件时的动作要点	40	（1）关闭门窗，锁上门； （2）躲藏在桌旁，安静观察形势。	
	教室中躲藏的动作要点		（1）蹲在桌子旁边； （2）头不超过桌面； （3）手抓住椅子上的书包背带； （4）眼睛注意观察教室门口方向，保持安静。	

续表

考核项目	考核内容	分值	操作标准	得分
教室反恐防暴，规范动作技能	教室中防御的动作要点		（1）双手握书包，书包背面贴紧前胸； （2）面朝门口方向，保持安静、警惕； （3）与班级同学保持同样节奏，向远离门口的角落快速后退或躲到老师身后。	
操场反恐防暴，规范动作技能	操场上遇到歹徒时的动作要点	20	（1）快跑：散开，向远离歹徒的方向逃跑； （2）躲藏：躲藏在不易被歹徒发现的地方； （3）报警：在不会被歹徒发现的情况下报告老师或报警，说清事件发生的地点和歹徒的人数等。	
校门口反恐防暴，规范动作技能	校门口遇到歹徒时的动作要点	20	（1）快跑：尽量往学校方向跑，回到学校避险； （2）躲藏：躲藏在不易被歹徒发现的地方； （3）报警：在不会被歹徒发现的情况下报告老师或报警，说清事件发生的地点和歹徒的人数等。	
总分				
考核说明	1. 本表中考核指标共4项，共计100分。			
	2. 等级：总分0—70分为不合格，71—80分为合格，81—90分为良好，91—100分为优秀。			

教学反思

抓好安全教育，帮助学生从小养成良好的行为习惯，是关系到下一代健康成长的“造福工程”。要确保安全，根本在于增强安全意识、自我防范意识，提高自救互救能力。抓好安全教育是学校落实安全工作的基础，安全教育应当受到应有的重视，得到更多的研究。

小学低学段学生年龄小，生活经验少，好奇心强，不知危险，这些都是不安全的因素。在与课题组老师交流后，我们请安全方面的专家进行指导，经过多次课堂教学实践，对本课反思如下：

（一）明确教学指导思想，梳理教学策略

小学校园的情况有特殊性：人员聚集，大部分是未成年人，年龄特点有较大差异。如何提高学生对危险的判断能力，让其学会自救与互救？希望通过本课的教学，进一步增强学生的安全防范意识，让学生掌握安全防范知识和自救互救技能，学会规避危险，做自己的“首席安全官”。基于这样的背景与校园实情，我们确立了本课的主题——校园反恐防暴技能实操。本课主要采取讲授法、讨论法、演示法。

（二）教学亮点与不足

亮点一：教学过程条理清晰。主要分为三个场景：教室内遇到暴恐事件的情况、操场上遇到暴恐事件的情况及校门口遇到暴恐事件的情况。针对每一个场景的应对方式及动作要领，对学生进行了专项训练。

亮点二：因为我们与安全方面的专家进行过多次沟通，对动作要领比较清楚，讲解准确，学生在训练过程中认真专注，动作到位，达到了训练的效果。

亮点三：课件制作精美，每一个动作都有示范视频，专业、规范。

不足之处：教学时三个场景需要转场，转场过程还需要做到更快速、有序。

学校安全无小事。教师要做有心人，安全教育从小事抓起，要把平安的种子撒进每一个学生的心田，让它发芽开花、茁壮成长，那时我们必将收获更多的祥和、幸福和安宁，我们的社会将更加和谐、美好。

课程故事

建设和谐社会、和谐学校，“安全第一”。学校教育把安全放在头等重要的位置上是十分有必要的。安全教育是学校安全管理的核心，增强师生的安全意识，提高师生的自我保护能力是学校开展安全教育的主要任务。

本课题历时三年，经历了无数次的推翻重组，请专家指导，成员们不断讨论、修改方案，最终形成了一堂专业且可行的反恐防暴技能实操课。

（一）关注时事，明确主题任务

公安部反恐怖局印发了《公民防范恐怖袭击手册》，指导公民如何及时发现涉恐迹象，在面对恐怖袭击时采取正确措施规避危险，掌握紧急情况下的自救和互救知识，以最大限度地降低危害。

厦门是一座开放的沿海城市，人员混杂，存在一定的暴恐风险。校园本应是学生快乐、安全成长的场所，但是近年来发生的校园恐怖袭击事件，让校园的反恐防暴安全教育工作变得越来越重要。

（二）全盘梳理，明确教学环节

要抓好学生的安全教育，重要的是抓好班级安全教育。班级安全教育要从小事抓起，对学生晓之以理、动之以情、导之以行，循循善诱、潜移默化。经过不断梳理，我们明确了本课的主要环节：

环节一：视频导入，了解反恐演习。

环节二：教室反恐情景模拟，规范动作技能。

环节三：操场反恐情景模拟，规范动作技能。

环节四：校门口反恐情景模拟，规范动作技能。

环节五：模拟场景，小组竞赛组织自救。

环节六：学习儿童反恐防暴顺口溜。

环节七：总结。

（三）反复推敲，提高课堂实效

今天，我们的教育倡导教育活动生活化、情境化，力求把学生带到真实的世界中，让他们真实地感知世界、体验生活，这就意味着要抛开成人的庇护，让他们自由探索。那么我们怎样才能把“保障学生的安全”和“为了使学生自主地成长，活动中不可缺少一定的冒险性”结合起来呢？在整个教学活动设计过程中，林卫红书记给出了很多非常实用的指导意见。

1. **游戏。**

游戏是学生最喜欢的活动，也是如今课堂常用的教学形式。在教室内的反恐防暴规范操作环节，我们开展了小组比拼等游戏形式的竞赛，有效提高了学生的学习主动性。

2. **实地实景教学。**

针对在操场上、校门口遇到歹徒时的操作示范环节，我们进行反复推敲与演练，并且为了提高真实性，让保安扮演歹徒，从而让学生到实地去，在实景中感受自救的重要性，开展实实在在的演练。

3. **安全、规范。**

要提高课堂实效，在活动前或活动中进行有效的规则约束和安全指导也是十分有必要的。

安全教育作为长期的教育内容，仅仅靠几个活动是不够的，需要与日常生活进行有机结合。在课后的指导中，李静副校长明确指出，安全意识的教育也应该成为重点。不仅如此，出现暴恐事件是非常极端的情况，我们生活的环境能够安全、有序，是因为有人在为我们负重前行，这点也应该让学生了解。

活动也好，在生活中有机渗透也罢，目的只有一个，那就是引导学生树立安全意识，保障学生的安全和健康。这不仅关系到学生自己，还关系到每个家庭的幸福和快乐。

第2课　安全防护之防震防踩踏技能

课题	安全防护之防震防踩踏技能	类型	安全防护实操课	教学视频
执教者单位及姓名	福建省厦门实验小学　孙梦晗	适用年级	1—3年级	
指导者单位及姓名	福建省厦门实验小学　林卫红　何高峰			

背景分析

我国是一个地震多发的国家，在每年发生的破坏性地震当中，学校往往不同程度地存在由于避险不当造成的各种伤亡现象，如师生慌忙外逃被坠落物砸伤、拥挤发生踩踏事故等。因此，2017年国家质检总局、国家标准委批准发布了《中小学校地震避险指南》等多项标准，为开展防震减灾宣传提供指导性意见，教育部也发布相关文件，要求切实保障广大中小学生的人身安全。

校园属于人员集中场所，小学生又属于特殊群体，正处于智力和心理迅速发展的阶段，对突发事件的认识和应对能力有待提高，一旦发生地震、踩踏事故，易造成严重的后果。本课以防地震紧急疏散为例，安全实操如何尽可能避免地震造成的伤害、在逃生过程中如何避免踩踏事故，以及发生踩踏事故时应如何自护自救，帮助学生掌握意外来临时的自救技能。

技能分析

1. 防地震技能分析。

小学生接受能力强，但不具有完全行为能力，因此在安全实操课中，要从地震来临时应如何躲避、地震后应如何快速撤离等方面进行讲解、演练，让学生掌握地震来临时的自救方法。

续表

防地震技能动作分解图示：

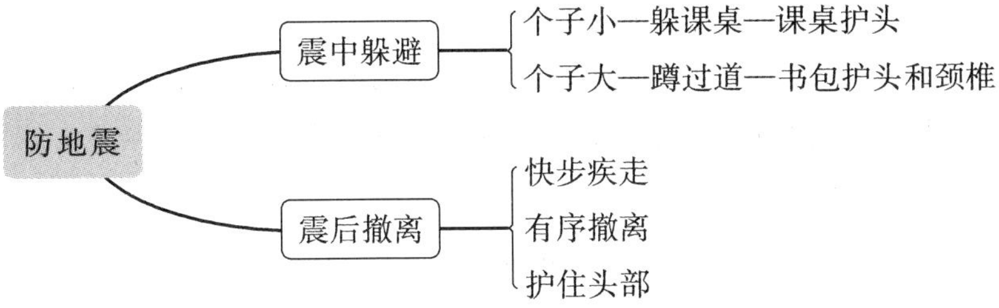

2. 防踩踏技能分析。

学校是人员密集场所，当发生踩踏事故时，学生在拥挤人潮或密集人流中，首先不要慌乱，保持镇定，判断周围环境，进而做出正确的自我保护姿势。

防踩踏技能动作分解图示：

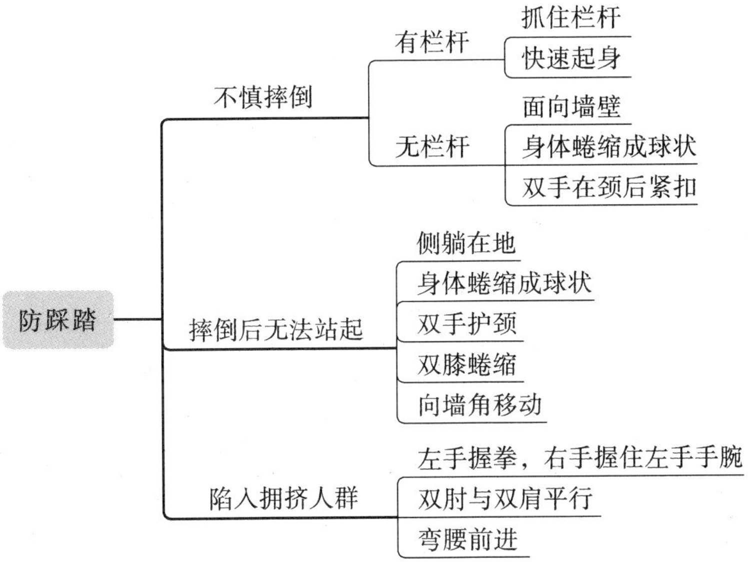

学生分析

小学生对地震和踩踏事故的了解较少，对突发事件的认识和应对能力有待提高。通过本课的学习，学生能了解事故发生的原因，掌握自救自护的方法和技能，从而减少事故造成的伤害。

续表

教学目标
1. 引导学生了解地震和地震中可能发生的紧急情况，提升学生关于防地震、防踩踏的安全意识和自我保护能力。 2. 引导学生通过模拟演练，掌握面临危险时自救自护的方法和技能。 3. 引导学生了解踩踏事故的发生原因和安全隐患，提高警觉，消除隐患，有效避免事故的发生。
教学资源
安全演练视频、关键技能动作图解说明等。
教学重点
增强安全意识，掌握面临危险时自救自护的方法和技能。
教学难点
掌握发生地震、踩踏事故时自救自护的方法。
教学流程
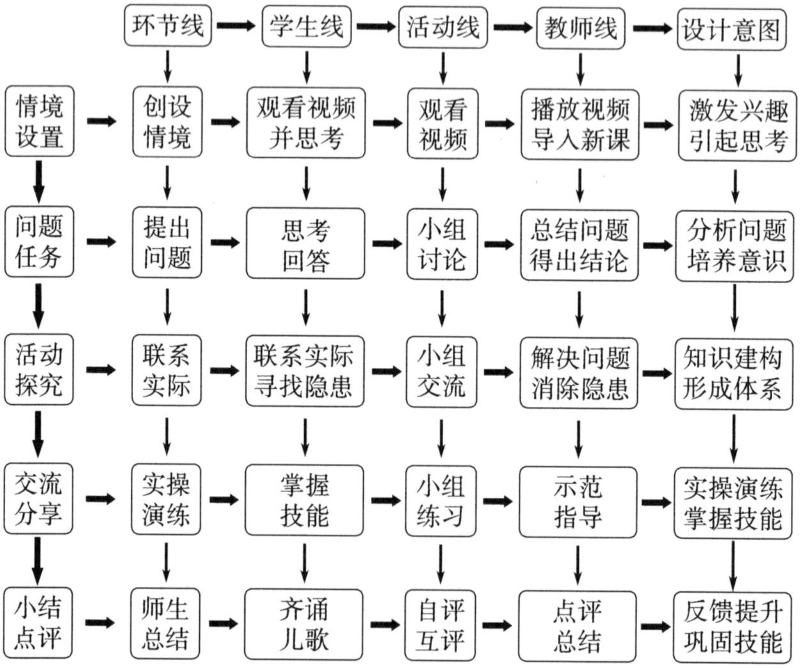

续表

过程设计	学生活动	教师活动	设计意图
（一）创设情境，了解地震	1. 观看视频并讨论。 2. 学习地震来临时的自救方法。 (1) 震中躲避。 个子小的同学躲在课桌下，个子大的同学蹲在教室过道，用书包护住头和颈椎。 (2) 震后撤离。 当地震摇晃过后，在老师的指挥下，全班分为四组，一、二组从前门撤离，三、四组从后门撤离，有组织、有秩序地疏散到空旷的操场上，同时用手护住头部。	1. 播放地震视频，提问：说一说，你在视频中观察到了什么。 2. （1）提问：遇到地震时，应该如何保护自己？ 教师讲解自救方法。 （2）提问：地震摇晃过后，应该如何快速撤离？（小组讨论撤离方案）请同学回答。	通过视频导入，引导学生直观了解地震的危险性。 通过学习，学生能掌握地震来临时自救自护的方法。
（二）了解踩踏事故，提高警觉	1. 了解踩踏事故，畅谈感受。 2. 了解发生踩踏事故的原因。 （1）遇到安全事故，逃生时。 （2）受到惊吓，逃跑时。 （3）人群密集，摔倒时。	1. 组织讨论。 2. 提问：联系以往的事件，发生踩踏事故的原因是什么？	了解真实的校园踩踏事故，讨论发生踩踏事故的原因及如何有效预防踩踏事故的发生。

续表

过程设计	学生活动	教师活动	设计意图
（二）了解踩踏事故，提高警觉	3. 讨论如何有效预防踩踏事故的发生。 （1）遇到紧急情况，听从指挥，有序撤离。 （2）人多的时候，不拥挤，不起哄，沉着冷静。 （3）走路小心，避免摔倒。前面有人摔倒时，马上停止脚步并大声呼救。	3. 组织讨论如何有效预防踩踏事故的发生。	
（三）联系实际，寻找隐患	联系实际，寻找学校中存在安全隐患的地点与场景。 （1）教学楼楼梯上。 （2）下课或课间操时，楼上的同学为了赶时间急忙跑下楼，楼道里、楼梯上的学生多，很拥挤。 （3）放学时，有学生为早回家在楼道里、楼梯上奔跑。 （4）下大雨时，由于学校积水，教学楼楼道的地面很滑。上课铃响了，同学们急着回教室。	组织讨论：在我们的校园里，哪些地方、哪些情况下容易发生踩踏事故？	在了解踩踏事故发生原因的基础上，小组交流，寻找校园内的安全隐患。

续表

过程设计	学生活动	教师活动	设计意图
（四）解决问题，消除隐患	1. 讨论正确的做法。 上下楼梯要礼让，遵守秩序靠右行。出操集合不打闹，安全第一要记牢。 2. 了解易发生踩踏事故的场所，如商场、体育场、火车站、电影院等人员密集的地方。	1. 提问：为了我们的生命安全，在上下楼梯时应该注意什么？ 根据学生的回答及时进行梳理，课件出示正确做法。 2. 提问：除了校园里，还有哪些地方容易发生踩踏事故呢？（图片展示，学生交流）	针对学生总结的校园里易发生踩踏事故的地点和场景，梳理解决方法，同时了解校外易发生踩踏事故的场所。
（五）实践演练，掌握方法	1. 共同探讨不慎摔倒时应如何保护自己。 （1）身边有栏杆时，要立刻抓住栏杆，快速起身朝前走。 （2）身边没有栏杆时，要设法靠近墙壁，双手在颈后紧扣，以保护身体最脆弱的部位，面向墙壁，身体蜷缩成球状。	1. 提问：如果不慎摔倒，要怎么保护自己？	

续表

过程设计	学生活动	教师活动	设计意图
（五）实践演练，掌握方法	2. 讨论正确的做法。 摔倒无法站起又没办法靠近墙壁时，应侧躺在地，尽量使身体蜷缩成球状，双手护颈，手臂护头，双膝蜷缩至胸前，护住胸腔和腹腔内的重要脏器，并迅速向墙角移动。 3. 讨论正确的做法。 陷入拥挤人群时，应左手握拳，右手握住左手手腕，双肘与双肩平行，放在胸前。微微向前弯腰，形成一定空间，以保持呼吸道通畅。	2. 提问：一旦摔倒无法站起，怎么办？ 示范动作，组织学生练习，并及时纠正学生的错误做法。 3. 提问：陷入拥挤人群，怎么办？ 讲解陷入拥挤人群时的自我保护方法。	实践演练，掌握面临危险时的几种自救自护的方法和技能。
（六）实际行动，形成能力	模拟演练： （1）警报声响起，全班躲到桌子底下或过道上，用书包护住头和颈椎。	播放警报声，全班进行模拟演练。	设计安全预案，分组实践。

续表

过程设计	学生活动	教师活动	设计意图
（六）实际行动，形成能力	（2）震后撤离，全班分为四组，一、二组从前门撤离，三、四组从后门撤离。 （3）下楼梯过程中，如果不慎摔倒或被人群推倒，立即抓住栏杆快速起身，或面向墙壁，双手护颈，身体蜷缩成球状。 （4）摔倒无法站起时，侧躺在地，使身体蜷缩成球状，双手护颈，手臂护头，双膝蜷缩至胸前。 （5）陷入拥挤人群时，左手握拳，右手握住左手手腕，双肘与双肩平行，放在胸前，微微向前弯腰。	引导学生实践各情境下如何进行自救自护。	全班参与防地震、防踩踏演练，做到人人掌握防震、防踩踏技能。
（七）齐诵儿歌，归纳总结	齐诵儿歌： 遇到地震不要慌， 躲到桌下保护头； 震后要快速撤离， 举止文明不拥挤； 上下楼梯靠右行， 抓住扶手或墙壁；		齐诵安全儿歌，巩固本节课知识点。

续表

过程设计	学生活动	教师活动	设计意图
（七）齐诵儿歌，归纳总结	有人摔倒要冷静， 大声呼喊不要挤； 若是摔倒蜷成球， 双手紧扣在颈后； 预防踩踏很关键， 自我保护是第一。	小结。	
板书设计	安全防护之防震防踩踏技能 先躲后逃　　要镇定 护头快撤　　有秩序		

附件：

防震防踩踏技能考核表

被考核人：　　　　考核时间：　　　　考核人：

考核项目	考核内容	分值	操作标准	得分
防地震技能	1. 震中躲避	20	（1）个子小的同学躲在课桌下，用课桌护住头部； （2）个子大的同学蹲在教室过道，用书包护住头和颈椎。	
	2. 震后撤离	20	地震摇晃过后，有序、快速撤离，用手护住头部。	
防踩踏技能	1. 不慎摔倒	20	（1）有栏杆：立刻抓住栏杆，快速起身朝前走； （2）无栏杆：设法靠近墙壁，双手紧扣在颈后，面向墙壁，身体蜷缩成球状。	

续表

考核项目	考核内容	分值	操作标准	得分
防踩踏技能	2. 摔倒无法站起	20	设法靠近墙壁，侧躺在地，身体蜷缩成球状，双手护颈，手臂护头，双膝蜷缩至胸前，迅速向墙角移动。	
	3. 陷入拥挤人群	20	左手握拳，右手握住左手手腕，双肘与双肩平行，放在胸前，微微向前弯腰，保持呼吸道通畅。	
总分				
考核说明	1. 本表中考核指标共 5 项，共计 100 分。			
	2. 等级：总分 0—70 分为不合格，71—80 分为合格，81—90 分为良好，91—100 分为优秀。			

教学反思

校园属于人员集中场所，小学生又属于特殊群体，正处于智力和心理迅速发展的阶段，对突发事件的认识和应对能力有待提高，一旦发生地震、踩踏事故，易造成严重的后果及损失。本课以防地震紧急疏散为例，安全实操如何尽可能避免地震造成的伤害、在逃生过程中如何避免踩踏事故，以及发生踩踏事故时应如何自护自救，帮助学生掌握意外来临时的自救技能。

本课在防地震技能教学导入中，引导学生观看地震视频，了解地震的危害，通过观察视频中值得学习的地方和做错的地方，引导学生增强防震意识，掌握地震来临时和震后撤离的技能。同时，小组交流讨论，了解更多防震常识，并利用所学知识进行防震演习，在学习的过程中锻炼大难来临不能慌、沉着自救免伤亡的积极应对自然灾害的心理品质。

在防踩踏技能教学中，从了解踩踏事故入手，结合校园实际，总结发生踩踏事故的原因及在踩踏事故中自救自护的方法，接着开展实操演练，让学生掌握方法，做到事故来临时能沉着冷静、自救自护。

安全教育的最终目标是促使学生形成安全行为，从而在学习生活中远离安全事故。学校是公共场所，学习是集体生活，学生的心智尚未成熟，安全隐患难以避免。我们要做的是防患于未然，重中之重是扎扎实实抓好养成教育，规范学生的行为习惯，引导学生以文明的行为在安全的环境中学习、生活、成长。

学校安全无小事。教师要做有心人，安全教育从小事抓起，要把平安的种子撒进每一个学生的心田，让它发芽开花、茁壮成长。

课程故事

踩踏事故对学生的生命安全构成严重威胁，中小学的校园安全工作面临严峻的形势，引起了各级教育行政部门的关注。2005 年，教育部发出《关于进一步加强中小学安全工作，预防学生拥挤踩踏事故的通知》，要求中小学校积极采取各种措施，加强学校安全工作。然而，该文件的下达并没有起到立竿见影的成效。据统计，近年来，新闻报道的校园踩踏事故达十余起，这提醒我们：校园安全问题不容忽视，单纯依靠国家行政要求来保障学生安全是远远不够的。

以往的安全教育普遍重理论，学生在课上学习，却没有真正去实践、掌握技能。本课不仅要让学生学会理论知识，更要通过现场教学或模拟实操，让学生体验、感受，从而真正掌握安全技能。本课从主题的确定到课堂流程的设计再到技能的实操，都经过了反复的打磨、推敲，最终形成了一节可行性强的安全实操课。

（一）聚焦背景，明确主题

我国是一个地震多发的国家，在每年发生的破坏性地震当中，学校往往不同程度地存在由于避险不当造成的各种伤亡现象，如避震位置不当、师生慌忙外逃被坠落物砸伤、拥挤发生踩踏事故等。2008 年汶川地震发生时，紧邻重灾区北川县的桑枣中学，全校 2000 多名师生仅用 1 分 36 秒便从两栋教学楼中全部撤离，创造了无一人伤亡的奇迹。奇迹的背后是该校对校园安全教育的重视，从 2005 年起，该校每周安排一次安全教育课，每学期组织一次紧急疏散演练。地震中的安全撤离正是该校多年来重视安全教育的最好证明。

校园属于人员集中场所，小学生又属于特殊群体，正处于智力和心理迅速发展的阶段，对突发事件的认识和应对能力有待提高，一旦发生地震、踩踏事故，易造成严重的后果及损失。

基于这样的背景，本课以防地震紧急疏散为例，安全实操如何尽可能避免地震造成的伤害、在逃生过程中如何避免踩踏事故，以及发生踩踏事故时应如何自护自救，帮助学生掌握意外来临时的自救技能。

（二）结合实际，优化环节

结合我校实际，设计了以下教学实操环节：

1. 当地震来临时，该如何保护自己？

（1）震中躲避

个子小的同学躲在课桌下，个子大的同学蹲在教室过道，用书包护住头和颈椎。

（2）震后撤离

全班分为四组，一、二组从前门撤离，三、四组从后门撤离，有组织、有秩序地疏散到空旷的操场上，同时用手护住头部。

2. 如何避免踩踏事故的发生？

（1）人多的时候不拥挤，不起哄，不制造紧张或恐慌气氛。

（2）避免走到拥挤的人群中，尽量走在人流边缘。

（3）拥挤的人群向自己行走的方向涌来时，立即避到一旁，不慌乱，不奔跑，避免摔倒。

（4）顺着人流走，不可逆着人流前进。

3. 如果遇到踩踏事故，如何自救自护？

（1）如果不慎摔倒，要怎么保护自己？

①身边有栏杆时，要立刻抓住栏杆，快速起身朝前走。

②身边没有栏杆时，要设法靠近墙壁，双手在颈后紧扣，以保护身体最脆弱的部位，面向墙壁，身体蜷缩成球状。

（2）一旦摔倒无法站起，怎么办？

摔倒无法站起又没办法靠近墙壁时，应侧躺在地，尽量使身体蜷缩成球状，双手护颈，手臂护头，双膝蜷缩至胸前，护住胸腔和腹腔内的重要脏器，并迅速向墙角移动。

（3）陷入拥挤人群，怎么办？

在拥挤人群中前进时，左手握拳，右手握住左手手腕，双肘与双肩平行，放在胸前，微微向前弯腰，形成一定空间，以保持呼吸道通畅。

（三）安全实操，专业指导

确定了实操课中学生应掌握的技能后，为使课堂更具有安全性、实操性，课题组还邀请了厦门市地震局防震减灾科的专业人士到校指导防地震、防踩踏的实操演练。在此基础上，林卫红书记多次与授课教师研讨，不断优化教学流程、规范动作技能，帮助学生更好地掌握动作要领，达到最佳演练效果。

在课堂中，我们设计了小组合作、模拟演练等趣味环节。通过小组讨论，将学习的主动权交给学生。通过模拟演练，学生掌握了自救方法，并锻炼了大难来临不能慌、沉着自救免伤亡的积极应对自然灾害的心理品质。

希望这节安全实操课，可以最大限度地提升学生的自救自护能力，避免学生遭受意外伤害，为家庭的幸福保驾护航。

第 3 课　安全自护之道路交通安全技能

<table>
<tr><td>课题</td><td>安全自护之道路交通安全技能</td><td>类型</td><td>安全自护实操课</td><td rowspan="3">教学视频</td></tr>
<tr><td>执教者单位及姓名</td><td>厦门第二实验小学　许悦雪</td><td>适用年级</td><td>1—3 年级</td></tr>
<tr><td>指导者单位及姓名</td><td colspan="3">厦门第二实验小学　吴锦福</td></tr>
<tr><td colspan="5">背景分析</td></tr>
<tr><td colspan="5">贯彻落实教育部制定的《中小学公共安全教育指导纲要》，旨在进一步加强中小学公共安全教育，特别是开展道路交通安全学习，使小学低学段学生逐步形成安全意识，掌握必要的安全行为知识和技能，学习道路交通法的相关内容，掌握道路交通安全常识。
《中小学公共安全教育指导纲要》有关小学 1—3 年级的教育重点内容中，涉及道路交通安全的项目有：
①预防和应对社会安全类事故：了解并遵守各种公共场所活动的安全常识。
②预防和应对意外伤害事故：学习道路交通法的相关内容，了解出行时道路交通安全常识；初步学会在事故灾害事件中自我保护和求助、求生的简单技能；学会正确使用和拨打 110、119、120 电话。
据不完全统计，我国每年因各类事故死亡的人数约 10 万人，道路交通事故死亡人数占 60%以上，交通事故死亡人数居世界首位，平均每天有 160 多人死于车祸。其中，中小学生的比例接近 15%。
随着厦门特区经济的发展，厦门的车流量迅速增长，车辆日均活跃度也大幅度提升，这意味着道路交通安全面临越来越多的隐患。人们的道路交通安全意识薄弱，是造成交通安全事故的根本原因。</td></tr>
</table>

续表

技能分析

本课以小学低学段学生的道路交通安全学习为例，安全实操如何遵守道路交通安全规则以及遇到交通事故的处理方式，引导学生自觉遵守交通规则，注意道路交通安全。

1. 走人行道。

技能1：辨认交通标识；

技能2：出行要走人行道；

技能3：走在人行道上，不看书、不听歌、不玩手机；

技能4：不在车辆盲区附近玩耍。

动作技能流程图（如右）：

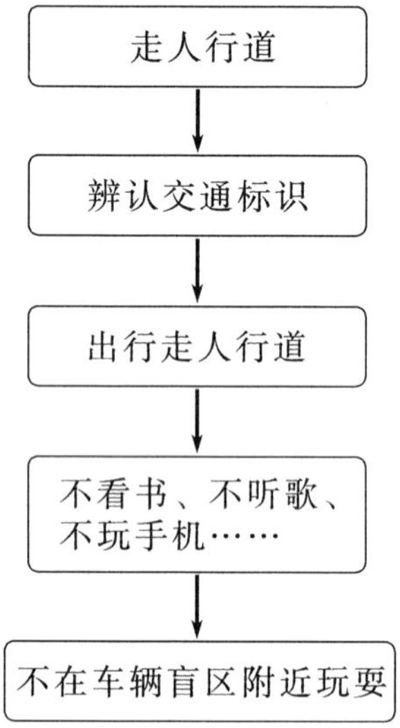

2. 过斑马线。

技能1：红灯停，绿灯行；

技能2：过马路走斑马线；

技能3：斑马线前左右瞧，确认安全才通过；

技能4：切莫图近横穿马路。

动作技能流程图：

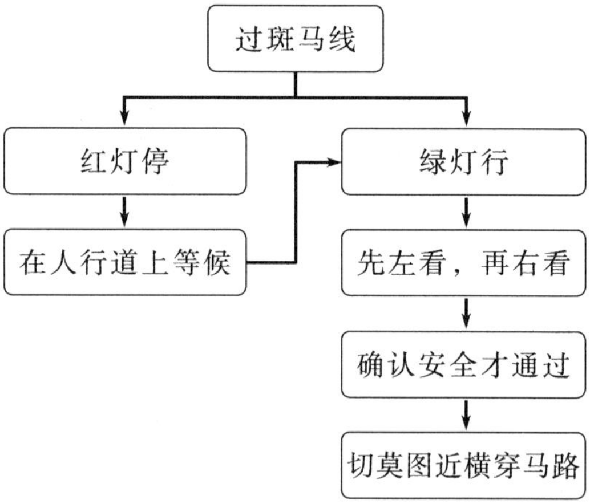

续表

3. 安全乘车。

（1）技能 1：上车前。

①乘坐公交车，遵守前门上车后门下车的秩序；

②乘出租车、私家车，确认后方没有其他来车，才能上车；

③乘坐地铁、BRT（快速公交），遵守先下后上的秩序。

（2）技能 2：乘车中。

①拉好扶手，不在车上打闹；

②不把头、手伸出窗外；

③乘出租车、私家车坐后排，系好安全带；

④儿童后排落座，系好安全带。

（3）技能 3：下车时。

①等车停稳才能下车；

②乘公交车，确认后方无来车，才能下车；

③乘出租车、私家车，下车前向后看，确认后方无来车才能开门。

动作技能流程图：

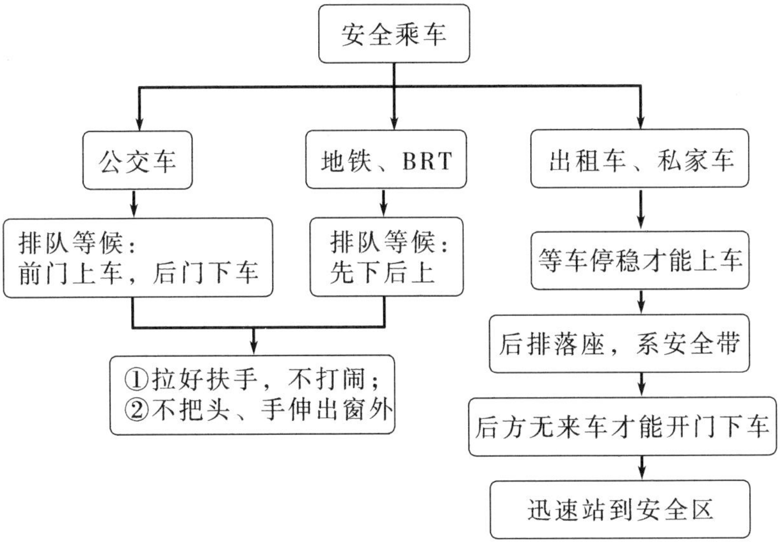

续表

学生分析
思想方面：低学段学生对道路交通安全规则并不陌生，在幼儿园和日常学习中，他们已经有了较为简单的认识和生活经验，但这些信息是零散的，需要系统地组合与搭建。同时，低学段学生的道路交通安全意识淡薄，也缺乏对安全和生命的敬畏。道路交通安全意识的缺乏可能带来道路交通安全隐患，因此亟须为低学段学生树立正确的安全观念，在教学中引导学生逐步形成道路交通安全意识。 能力方面：低学段学生的学习能力较弱，对道路交通安全学习较难有深刻的认知；他们的思维能力正处于小学的起步阶段，受父母的影响较大，还不懂得独立思考自己或者成年人的行为是否符合道路交通安全规则、是否会带来安全隐患。 爱玩是低龄儿童的天性，他们乐于在游戏中开展学习，在游戏中掌握知识和技能。因此，在教学中可以通过创设学生喜欢的学习情境来激发学生的学习热情，促进学生对道路交通安全规则的学习，提高学生的学习能力和思维能力。 技能方面：低学段学生还很难具备独立出行的技能，路上往往需要成年人的看护和帮助。比如：大部分低学段学生需要在成年人的陪同下才能安全过马路；上下车时，低学段学生几乎不会注意周围的环境；等等。可见低学段学生几乎不具备道路交通安全技能，对道路交通安全技能的认识也是不全面的。
教学目标
1. 在思想上，引导学生树立正确的交通安全观念，逐步形成道路交通安全意识，进而能够主动遵守道路交通安全规则，增强珍惜生命、自我保护的意识。 2. 在能力上，通过学习，学生能提高对道路交通安全的学习能力、思维能力，并能够评价自己和他人遵守道路交通规则的情况。 3. 在技能上，通过学习和实操，学生能够熟悉基本的道路交通安全规则，掌握、提高基本的道路交通安全技能，并能落实到实践中。

续表

教学资源

教学视频：车辆静态盲区实验、车辆动态盲区实验、过马路错误示范、安全头盔测试实验、安全下车示范。

游戏道具：交通工具头套、小学生头套、斑马线（牛津布）、磁吸红绿灯架、地铁模拟车票等。

教学重点

了解道路交通安全常识，掌握道路交通安全技能，能够自觉遵守交通规则。

教学难点

通过学习，学生能把所学知识转化为自觉遵守并维护交通规则的行为。

教学流程

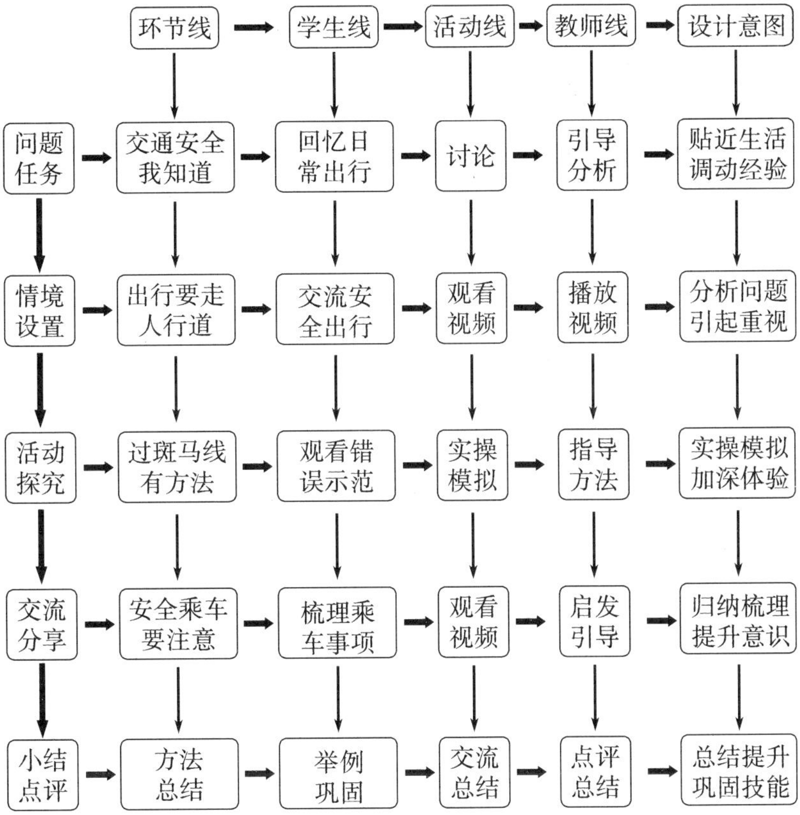

续表

过程设计	学生活动	教师活动	设计意图
（一）学习交通安全——我知道	1. 小组交流，回忆上学和放学路上的交通安全注意事项。 2. 思考、交流身边的道路交通安全隐患。 3. 了解道路交通安全情况。	1. 出示课题。组织学生回忆身边的交通安全注意事项。 2. 组织学生思考身边的道路交通安全隐患。 3. 介绍道路交通安全情况。	从生活经验入手，引导学生认识到交通事故的严重性。
（二）学习交通安全——走人行道	1. 走人行道的注意事项学习。 （1）学生交流在人行道上行走的注意事项。 （2）交流汇报。 ①出行要走人行道。 ②走在人行道上，不看书、不听歌、不玩手机。 ③不在马路边打闹，不在车辆附近打闹。（驾驶员有盲区） （3）观看视频：《驾驶员盲区测试》。 （4）观看视频：《大货车行驶拐弯盲区》。	1. 走人行道的注意事项讲解。 （1）组织学生交流在人行道上行走的注意事项。 （2）辨认交通标识，小结走人行道的安全注意事项。 （3）播放视频：《驾驶员盲区测试》。 小结：不在车辆附近玩耍，提醒家长启动车辆前看看车辆周围的情况。 （4）播放视频：《大货车行驶拐弯盲区》。 小结：在拐弯路口的区域活动时，一定要在停止线后，要在人行道上。	组织学生辨认简单的交通标识，提升课堂趣味性，符合低学段学生的学习特点。 配合视频学习，提高学生对车辆盲区的深刻认识。

续表

过程设计	学生活动	教师活动	设计意图
（二）学习交通安全——走人行道	2. 资料拓展。 （1）在天桥上行走时，不能冲跑打闹，不能趴在栏杆上。 （2）在地下通道行走时，不能冲跑打闹，不大声喧哗，拐弯处留意机动车。	2. 天桥、地下通道也属于人行道。教师补充在天桥、地下通道行走时的注意事项。	
（三）学习交通安全——过斑马线	1. 交流汇报。 （1）过马路要看红绿灯。 （2）过马路要走斑马线。 2. 观看情景剧：《过马路》。 3. 交流感悟。 （1）有人横穿马路，很危险。 （2）老奶奶一直要拉着孙子闯红灯，被小朋友劝阻，小朋友值得表扬。 （3）有人过马路时还在看手机，很危险。 （4）有人骑电动车过马路时没有戴头盔。	1. 提问：过马路的时候，有哪些需要注意的事项？ 2. 播放情景剧：《过马路》。 3. 小结过马路的安全注意事项。 （1）红灯停，绿灯行，过马路走斑马线。 （2）斑马线前左右瞧，确认安全才通过。 （3）如果没有红绿灯，一定要更加注意。 （4）骑电动车要戴头盔。	结合生活经验，回忆道路交通安全注意事项，关注学生的体验与需求。 通过情景剧展示过马路的各种情况，汇报中激发学生“观察员”的热情，促进学生主动内化过斑马线的注意事项。

续表

过程设计	学生活动	教师活动	设计意图
（三）学习交通安全——过斑马线	4. 小组代表上台展示过斑马线，并交流感悟。 5. 学生阅读资料卡。	4. 组织学生展示正确过斑马线。 5. 分发过马路资料卡，并小结。 红灯停，绿灯行，过马路走斑马线。斑马线前左右瞧，确认安全才通过。	学生代表上台表演如何过斑马线，符合低学段学生的学习天性，为学生创设过斑马线的安全实操机会，帮助学生更好地掌握过斑马线的技巧。
（四）学习交通安全——安全乘车	1. 交流汇报。 （1）上车前。 ①确认后方没有其他来车。 ②乘坐公交车，遵守前门上车后门下车的秩序。 ③乘坐地铁、BRT，应先下后上。 （2）乘车中。 ①拉好扶手，不在车上打闹。 ②不把头、手伸出窗外。 ③乘出租车、私家车坐后排，系好安全带。 （3）下车时。 ①乘公交车应有序下车。 ②乘出租车、私家车下车前向后看，确认后方无来车才能开门。 ③快速走到人行道上。	1. 提问：平时我们经常乘坐交通工具出行，乘车时需要注意什么呢？ 小结、补充乘车安全注意事项。	学生对乘车的注意事项有所了解，但并不全面、系统，甚至对有些安全事项很不熟悉，如“下车前要先确认后方无来车”。该环节能够帮助学生快速梳理乘车安全的相关注意事项，建立全面的安全体系。

续表

过程设计	学生活动	教师活动	设计意图
（四）学习交通安全——安全乘车	2. 观看情景剧：《安全下车》。 3. 全班模拟安全下车。 4. 分小组模拟乘坐地铁。 （1）抽取模拟任务（站台、人员）。 （2）找到对应站台、车厢。 （3）根据播报的站台上下地铁。 （4）分享模拟感悟。	2. 播放情景剧：《安全下车》。 3. 组织全班模拟安全下车。 4. 组织全班模拟乘坐地铁。 （1）引导学生交流乘坐地铁的注意事项。 （2）补充讲解黄色警戒线标识的作用。 （3）讲解游戏规则。 （4）组织学生活动。 （5）交流小结。	现场模拟乘坐地铁，为学生创设运用交通安全技能的机会，帮助学生巩固所学的技能。
（五）学习交通安全——总结拓展	1. 学习遇到交通事故的处理方法。 2. 开展活动。	1. 引导学生认识遇到交通事故时，要及时请大人处理或报警。 2. 组织学生开展活动。	通过简单的活动，帮助学生巩固交通安全常识，树立正确的交通安全观念。
板书设计	道路交通安全 不冲跑，不打闹，车子周围有盲区。 红灯停，绿灯行，过马路走斑马线。 先左看，再右看，确认安全才通过。 下车前，把头转，确认后方无来车。		

附件：

道路交通安全技能考核表

被考核人：　　　　　　考核时间：　　　　　　考核人：

项目	考核内容及标准		分值	得分
走人行道	人行道	（1）正确识别交通标识。	5	
		（2）不在人行道看书、听歌、玩手机。	5	
		（3）不在人行道打闹。	5	
		（4）不在车辆盲区附近逗留、玩耍。	5	
	天桥	（1）不冲跑，不打闹。	5	
		（2）不趴在栏杆上。	5	
	地下通道	（1）不冲跑，不打闹，不大声喧哗。	5	
		（2）拐弯处留意机动车。	5	
过斑马线	（1）红灯停，绿灯行。		5	
	（2）在安全区域等待。		5	
	（3）先左看，再右看，确认安全才通过。		5	
安全乘车	上车前	（1）乘坐公交车应前门上车、后门下车。	5	
		（2）乘坐地铁、BRT应先下后上。	5	
		（3）确认后方没车才能上车。	5	
	乘车中	（1）拉好扶手，不在车上打闹。	5	
		（2）不把头、手伸出窗外。	5	
		（3）乘出租车、私家车坐后排，系好安全带。	5	
	下车时	（1）乘公交车有序下车。	5	
		（2）乘出租车、私家车下车前向后看，确认后方无来车才能开门。	5	
		（3）快速走到人行道。	5	
总分			100	

教学反思

交通关乎生命，生命没有彩排。本课以小学低学段学生的道路交通安全学习为例，创设道路场景，模拟道路交通情况，培养学生遵守道路交通安全规则的意识，以及遇到交通事故时的处理技能，引导学生自觉遵守交通规则，注意道路交通安全，成为道路交通安全知识的传播者。教学主要从以下几个方面展开：

（一）系生活，依学情

各学科的课程标准中都提到，教学要从学生熟悉的日常生活出发，通过学生亲身经历动手动脑等实践活动，加深学生的体验，内化学生的认知。

教学前，我特地到学校附近的斑马线旁观察学生过马路，将观察到的一些危险情况录制成微视频，又请学生扮演通过斑马线的行人，表演这些危险动作，如边过斑马线边打电话，在斑马线上不小心撞到别人，赶时间闯红灯等。尽管班主任已经在学校多次强调过斑马线的注意事项，但是低学段学生在过斑马线时仍然非常容易出现危险的行为，也无法在过斑马线时去关注其他人的错误动作。借助录制的微视频，从另一个视角再现真实发生在学生身边的过斑马线时的危险行为，能够直观地引起学生的注意，帮助学生自觉回忆自己过斑马线的情景，主动重视道路交通安全，从而避免这些危险行为。

教学中，我重视学生在思想上、能力上、技能上的年龄特征，设计符合低学段学生学习特点的教学活动，帮助学生更好地认识道路交通安全规则，增强道路交通安全意识。

（二）创情境，趣体验

爱玩是低龄儿童的天性，他们乐于在游戏中开展学习，在游戏中掌握知识和技能。因此，在教学中我通过创设过斑马线、坐地铁等真实的情境，激发学生的学习热情，加深学生对道路交通安全的体验和认识，提高学生对道路交通安全知识的学习能力。

学生看完了过斑马线的错误示范后，正是通过实操强化安全过斑马线意识的时机。我便设计了过斑马线的模拟游戏，游戏中有斑马线、红绿灯、行人角色、机动车角色、观察员角色，真实再现了生活中过斑马线的场景。在第一轮游戏中，有些学生还是会无意识地做出一些错误行为，甚至出现了视频中没有的危险情况，如行走的过程中指示灯变成了红灯、有些学生走神了没赶上绿灯等。在游戏后的汇报环节中，观察员既表扬了一些安全的行为，也严厉地指出了危险的行为。在第二轮的模拟游戏中，学生过斑马线时更加谨慎了，注意力集中，不聊天，不开玩笑，步伐紧凑，安全到达终点。

教学中，我以低学段学生喜闻乐见的游戏方式，创设了真实的情境，让学生在游戏中体验过斑马线，在游戏中主动端正自己的态度，内化安全意识。

（三）重技能，真参与

当下学生更多接触的是道路交通安全的理论学习，严重缺少实操机会，加上对于低学段学生来说，他们的学习能力较弱，对道路交通安全学习较难有深刻的认知，因此我将教学的重点放在了道路交通安全技能的实操上，让学生离开座位，到模拟的情境中实操、体验。

教学中，除了有过斑马线的情境外，还有乘坐地铁的情境。在乘坐地铁的模拟游戏中，每个学生都拿到了一张地铁票，票面上标明了上车和下车的站点，这些站点都是学生熟悉的学校附近的站点。随着地铁进站的播报，学生竖起耳朵，准备上、下车的学生到车门前排队等候，还没有到站的学生在“车厢区”等候，其他学生在“站台区”等候。

每个学生都有自己的“任务”，人手一张的车票不仅让全班都参与到安全实操的模拟游戏中，还增强了学生的主人翁意识，使学生主动遵守乘坐地铁的交通安全规则，主动内化遵守道路交通安全规则的意识。

教学中，我结合学情引导学生主动应用学习到的道路交通安全技能，积累道路交通安全经验，增强课程的意义性、趣味性和实操性，让学生有更多的机会提高与道路交通安全有关的认识与技能。

课程故事

（一）触景生情的选题

“道路千万条，安全第一条”，这是电影《流浪地球》中一句令人印象深刻的宣传语，却总有学生和家长只当它是一句普通台词。记得有一次我在校门口导护，一位老人拉着上一年级的孙子直接从学校对面横穿马路过来，看到这么危险的行为，我立马走上前去劝导。

老人立刻挡在孙子面前解释：“这孩子起太晚了，上课要来不及了，我只好带着他从那边穿过来。”

我说：“斑马线就在两步路外的地方，现在又是交通高峰时段，图近横穿马路非常危险。”

孩子嘟着嘴喃喃道：“班级要被扣分了。”

老人赶紧认错：“我知道我知道，对不起，老师，都是我拉着他过来的，跟孩子没关系。”

还有一次是下雨天，虽然只是毛毛细雨，但也让校门口比往常热闹许多。我和另外一位老师拦下一辆送孩子上学的电动车，孩子从父亲宽大的雨衣里快速钻出来，却没有戴安全头盔。我们走过去，把伞举过孩子头顶，孩子立刻瞪大了眼睛看着我们。

孩子父亲主动说：“老师，今天下雨，匆忙出发就忘记戴头盔了。”

我说：“下雨天，马路上更加危险。”

孩子急切地看着他的父亲。

孩子父亲又解释：“我们家就在前面小区，拐个弯就到了，很近的。”

我想，尽管学校里经常开展道路交通安全教育，但不遵守交通规则的情况仍时有发生。这两个例子中，家长非但不能以身作则，甚至还主动替孩子揽下责任、帮孩子解释，这只会让孩子遵守交通规则的意识更加松懈。只有孩子从心底意识到道路交通安全的重要性，才会主动遵守交通规则，才会有勇气向周围的人传播道路交通安全信息。

（二）触目惊心的数据

我查找了很多资料，除了在网络上筛选海量的数据以外，还咨询了市、区交警部门，查阅了许多公示公告，结果令人触目惊心。据不完全统计，我国每年因各类事故死亡的人数约10万人，道路交通事故死亡人数占60%以上，交通事故死亡人数居世界首位，平均每天有160多人死于车祸。其中，中小学生的比例接近15%。结合厦门本土实际情况进行分析，不难看出，随着厦门特区经济的发展，厦门的车流量迅速增加。《厦门日报》提到，截至2023年1月底，厦门全市机动车保有量达2 008 536辆。数据显示，2021年1月1日至11月30日，思明区共发生立案交通事故239起，死亡人数14人，可见道路交通安全形势非常严峻。这些我们身边的数据不得不引起老师和学生的重视，它无疑是在告诉大家，安全意识淡薄是造成交通安全事故的根本原因。

反观现在的校园交通安全教育，从幼儿园到小学再到中学，渗透在每学期的德育教育、班会课、各个学科的日常教学中。其实对大部分学生来说，他们非常熟悉道路交通安全规则，可以随口说出好多条，但是离开了校园，都能遵守吗？根据斯金纳的强化理论，如果学生没有形成习惯上的强化，那么要产生意识上的联结是非常困难的。比如，我们强调过斑马线前要“先左看，再右看，确认安全才通过”，但是实际上，学生判断能否过斑马线的标准是红绿灯和眼前有没有车，根本不会去关注对向来车的情况，红绿灯的倒计时只会给他们“快跑”的冲动，而不会让他们产生“等一等，不然停在马路中间更危险”的意识。

（三）触动童心的游戏

借助长期的校园安全教育和校门口导护经历，我发现低学段学生更值得我们关注。加强对低学段学生道路交通安全实操的教学是非常重要的，也是迫在眉睫的。因此，我将教学目标定在“重技能，依学情”上，教学侧重安全实操技能的体验和感受，教学设计以低学段学生喜闻乐见的方式呈现，在潜移默化中增强学生的道路交通安全意识。对于“重技能”，需要创造让学生离开座位的实操机会，最好有真实的道路交通场景。经过综合考虑，最终我选择了过斑马线和乘坐地铁两个实操项目。在过斑马线的环节，借助斑马线、红绿灯、机动车等道具，模拟校外过斑马线的真实情境，让学生能够运用课堂所学的过斑马线的技能，在实操中巩固、强化自己的行为，传递内在联结。在乘坐地铁的环节，我将教室规划成地铁车厢区、站台区、车门三个区域，让学生根据车票在指定站点上下车。为了创设拥堵的情境，我还在“乌石埔站点”增加上下车的人数，让学生亲历拥堵的过程，更深刻地体会有序礼让上下车的重要性。最后，我出示厦门春运期间的地铁客流量数据，与班级模拟的小拥挤形成了巨大的对比，也给学生带来了心灵上的震撼。只有站在学生的视角，思考学生思考的问题，解决学生遇到的困难，才能更好地开展道路交通安全实操技能的教学。

《传习录》中说：“知者行之始，行者知之成。”以知为指导的行才能行之有效，以真实体验为实践的认知才能扣人心弦。无论是开发前的触景生情，还是开发中的资源积累，抑或是触动童心的教学设计，都围绕着“亦真、亦知、亦行”的教育理念，呵护学生心中道路交通安全的种子，守望每一个学生的健康成长。

第4课　安全自救之轻度拉伤处理技能及正确的搬运姿势

<table>
<tr><td>课题</td><td>安全自救之轻度拉伤处理技能及正确的搬运姿势</td><td>类型</td><td>安全自救实操课</td><td rowspan="3">教学视频</td></tr>
<tr><td>执教者单位及姓名</td><td>厦门市康乐小学　饶　颖</td><td>适用年级</td><td>5—6年级</td></tr>
<tr><td>指导者单位及姓名</td><td colspan="3">厦门市康乐小学　郑　飚</td></tr>
<tr><td colspan="5">背景分析</td></tr>
<tr><td colspan="5">小学高学段的学生活泼好动，热爱运动，好于模仿，乐于冒险，但由于对运动的常识以及正确的运动方式了解有限，往往容易受伤，特别是运动中由于各种原因造成的拉伤非常常见。因此，了解基本的运动损伤知识、熟悉正确的搬运姿势以及掌握自护技能，对学生来说可谓终身受益。
课程标准中明确提出体育教学“健康第一”的指导思想。本课正是把学生的健康放在首位，着重培养学生处理实际问题的能力，让学生学会根据受伤情况采取不同的处理方法，引导学生进一步增强安全意识，更好地达成“健康运动，快乐体育”的目标。</td></tr>
<tr><td colspan="5">技能分析</td></tr>
<tr><td colspan="5">1. 拉伤紧急处理。
（1）轻微肌肉拉伤处理方法。
①停止——暂停活动，放松；
②冷敷——用冷水或冰块包住毛巾冷敷，直到症状有所改善；
③放松——缓慢放松一下，利于消肿；
④禁忌——切忌揉搓及热敷。
（2）严重拉伤处理方法。
应停止运动，送医治疗。</td></tr>
</table>

续表

动作技能流程图：

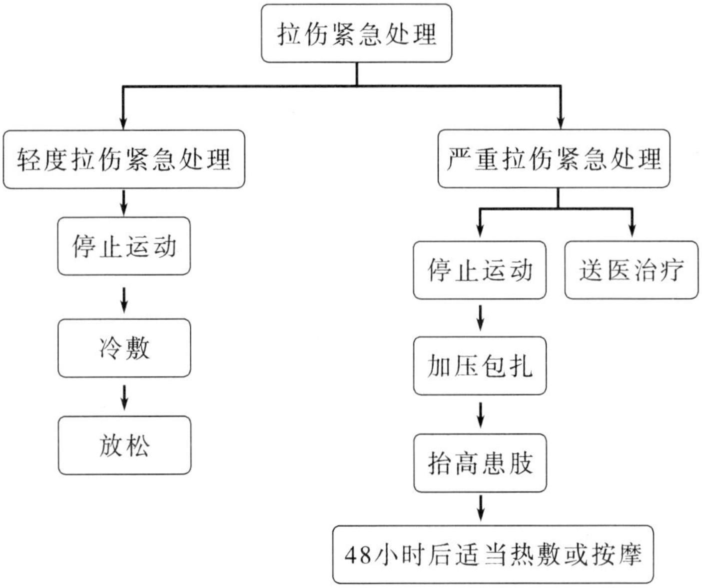

2. 正确搬运的方法。

（1）分开脚；（2）一前伸；（3）蹲下身；（4）腰挺直；（5）腹部紧；（6）稳起身。

动作技能流程图：

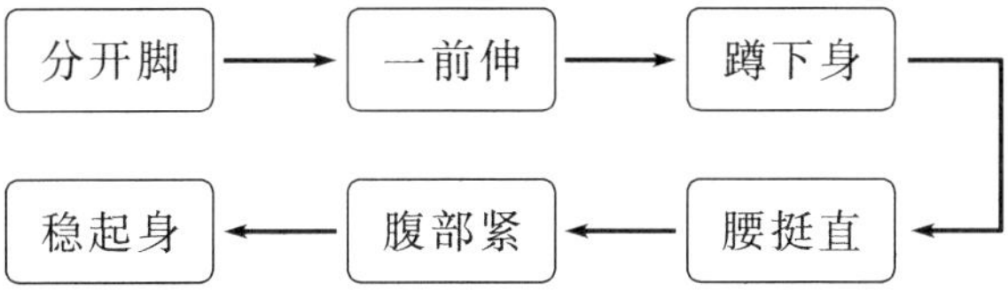

学生分析

五、六年级的学生正在进入青春期，他们活泼好动，好于模仿，动手能力强，对实践活动兴趣浓厚，通过实操学习可以很快掌握所学的技能技巧。学生能通过已有的经验对损伤的特征进行分析，认识损伤发生的原因，并对损伤的处理提出自己的见解和处理依据，能利用直观的视频演示学习正确的处理流程，在教师的引导下进行实操演练，从而掌握轻度拉伤的处理方法以及正确的搬运姿势。然而，他们对安全运动的常识了解有限，不了解绷带的正确使用方法，打结、包扎等对动作精细度要求较高的技能对他们来说，可能需要多次练习才能真正掌握。因此，课堂活动时应尽量给予学生足够的练习时间，让学生分享操作的难点并交流技巧。

续表

教学目标
1. 了解肌肉拉伤的处理及预防方法，能在运动中最大限度地防止运动损伤的发生。 2. 知道处置轻度拉伤的基本流程及正确的搬运姿势。 3. 掌握处置轻度拉伤的基本方法，熟悉正确搬运的方法。
教学资源
实操视频，关键技能动作图解说明，实操所需的冰袋、绷带、剪刀、毛巾等。
教学重点
掌握运动损伤的应急处理方法及正确的搬运姿势。
教学难点
掌握常见运动损伤的应急处理方法。
教学流程

	环节线	学生线	活动线	教师线	设计意图
问题任务	拉伤处理	认识常见运动损伤	讨论	引导分析	了解学生重视程度
情境设置	球场受伤	观看运动损伤视频	观看视频	播放视频	关注常见意外损伤
活动探究	解决方法	实践操作解决方法	实操模拟	指导方法	探究解决运动拉伤
交流分享	预防措施	分析原因提出措施	讨论交流	启发引导	分析原因提升意识
小结点评	方法总结	总结方法实践提升	交流总结	点评总结	总结提升

续表

过程设计	学生活动	教师活动	设计意图
（一）创设问题情境	1. 观看情景剧（视频）： 林峰在投球时突然倒地，他紧紧抱着大腿侧躺在草地上，好像受伤了。 “怎么了，林峰?”队员们关切地问道。 林峰捂着大腿内侧喊疼。 经讨论、分析，得出判断：大腿拉伤。 2. 学习：肌肉拉伤是肌肉在运动中急剧收缩或过度牵拉引起的损伤，在长跑、引体向上和仰卧起坐练习时容易发生。肌肉拉伤后，拉伤部位剧痛，用手可摸到肌肉紧张形成的条索状硬块，触疼明显，局部肿胀或皮下出血，活动明显受到限制。	1. 播放学生的表演视频，并组织讨论。 2. 提问：你知道什么是肌肉拉伤吗? 板书并根据课件对照分析。	引导学生关注身边常见的运动损伤。 引导学生了解肌肉拉伤的症状，讨论解决方法。
（二）交流分析	讨论、分析处理方法：停止运动、冷敷。	提问：遇到这种情况，我们该怎样进行应急处理?	调动学生已有经验。

续表

过程设计	学生活动	教师活动	设计意图
（三）活动探究	学生根据视频示范演示。 （1）停止——暂时停止活动，放松一下。 （2）冷敷——用冷水或冰块包住毛巾冷敷，保持30分钟，使小血管收缩，减少局部充血、肿胀，直到症状有所改善。 （3）放松——缓慢放松一下，利于消肿。 （4）禁忌——切忌揉搓及热敷。 严重的要局部加压包扎，并抬高患肢，24小时至48小时后拆除包扎，可适当热敷或用较轻的手法对损伤局部进行按摩。	点评、补充并用课件及视频展示规范动作。 教师巡查纠错。 提醒：肌肉大部或完全断裂者，在加压包扎后应立即就医。	让学生学习并操作，掌握拉伤的应急处置方法。
（四）交流分析	1. 讨论导致拉伤的原因。 （1）准备活动不充分。 （2）体质较弱。	1. 提问：什么原因会导致拉伤？ 教师在学生讨论后进行补充。	引起学生思考。

续表

过程设计	学生活动	教师活动	设计意图
（四）交流分析	（3）运动技术差，姿势不正确，用力过猛，超过了肌肉活动的范围。 （4）气温过低，湿度太高，场地太硬等。 2. 根据原因思考预防方法。 （1）平时要加强关节周围肌肉力量和韧带柔韧性的练习，提高关节稳定性和活动度。 （2）准备活动必须充分。 （3）要正确掌握跑、跳等动作技术。 （4）运动中要注意加强自我保护。 （5）做好运动场地设备的保管和维修，消除可能引起外伤的各种因素。	2. 提问：我们该如何预防拉伤？	让学生了解预防和处理拉伤的方法，提高急救、应急的能力。
（五）操作实践	1. 分析原因：可能是搬运姿势不对。	1. 课件出示图片，请学生分析受伤原因。	任务驱动，让学生掌握正确的搬运方法。

续表

过程设计	学生活动	教师活动	设计意图
（五）操作实践	小组讨论并记录搬运方法。（只比画动作，不实际搬运） 2. 学习正确搬运姿势口诀：分开脚，一前伸，蹲下身，腰挺直，腹部紧，稳起身。 学生演示并点评。 3. 分小组演示搬运方法。思考：搬运过程中还需要注意什么？	2. 提问：搬运时我们应该用怎样的姿势？ 课件展示基本动作要领。 3. 用课件及视频演示搬运过程中还需要注意的事项。	练习、掌握正确的搬运姿势。 拓展更多注意事项。
（六）总结方法	汇报小结；填写技能考核表。	适当评价，补充要点。	
板书设计	轻度拉伤应急处理及正确的搬运姿势 拉伤：1.停止　2.冷敷　3.放松 禁忌：揉搓及热敷 正确的搬运方法： 分开脚 → 一前伸 → 蹲下身 → 腰挺直 → 腹部紧 → 稳起身		

附件：

轻度拉伤处理技能及正确的搬运姿势考核表

被考核人：　　　　　　考核时间：　　　　　　考核人：

<table>
<tr><th>考核内容</th><th>评判标准</th><th>分值</th><th>得分</th></tr>
<tr><td>1. 识别拉伤</td><td>（1）能准确说出拉伤的症状，得 20 分；
（2）基本能说出拉伤的症状，但不是非常精准，得 15 分；
（3）能精准说出其中一种症状，得 10 分；
（4）能模糊描述其中一种症状，得 5 分；
（5）不会描述，得 0 分。</td><td>20</td><td></td></tr>
<tr><td rowspan="2">2. 拉伤的处置流程</td><td>（1）能准确说出拉伤处置流程，得 10 分；
（2）基本能说出拉伤处置流程，得 5—8 分；
（3）不会描述，得 0 分。</td><td>10</td><td></td></tr>
<tr><td>（1）能准确操作拉伤处置流程，得 30 分；
（2）基本能操作拉伤处置流程，遗漏一项得 20 分，遗漏两项得 10 分；
（3）不会操作或操作错误，得 0 分。</td><td>30</td><td></td></tr>
<tr><td rowspan="2">3. 正确的搬运方法</td><td>（1）能准确说出正确的搬运方法，得 10 分；
（2）基本能说出正确的搬运方法，得 2—8 分（每一环节 2 分）；
（3）不会描述，得 0 分。</td><td>10</td><td></td></tr>
<tr><td>（1）能准确操作正确的搬运方法，得 30 分；
（2）基本能操作正确的搬运方法，得 5—25 分（每一环节 5 分）；
（3）不会操作或操作错误，得 0 分。</td><td>30</td><td></td></tr>
<tr><td colspan="2">总分</td><td>100</td><td></td></tr>
<tr><td rowspan="2">考核说明</td><td colspan="3">1. 本表中考核指标共 5 项，共计 100 分。</td></tr>
<tr><td colspan="3">2. 等级：总分 0—60 分为不合格，61—79 分为合格，80—89 分为良好，90—100 分为优秀。</td></tr>
</table>

教学反思

本节课的教学内容贴近生活，与学生的日常活动相关性高，能够帮助学生增强自我保护意识，指导学生更好地开展各项活动，应对活动中可能遇到的肌肉拉伤。小学生对体育课有浓厚的兴趣，对常见事物有自己独特的见解，求知欲和好奇心强烈。针对这一年龄段学生的心理特点和认知规律，课前我做了充分的准备，如查阅大量资料、对课堂进行精心设计、下载图片和视频、制作并多次修改教学课件，目的是提高学生的学习兴趣，激发学生的学习热情，使其能够更好地理解本节课的教学内容。

本节课以小组活动、教师讲解、生生互动、师生互动的形式，组织学生学习常见运动损伤——肌肉拉伤发生的原因及预防方法，增强学生的运动安全意识，并通过学习正确搬运重物的方法，增强学生的劳动安全意识。通过让学生在小组活动中练习肌肉拉伤的处理流程，突破教学难点，攻克教学重点，进一步培养学生的协作能力和团队精神。在课堂构思中，从分析教学的重难点入手，结合学生的身心特点，围绕教学目标进行了本节课的设计与安排。在课堂讲述中，淡化教学进程，突出教学环节，通过“认识—讨论—实践—交流”的环节，强化学生的能力培养，让学生在教学活动中体验学习的快乐、成功的快乐，形成科学的活动习惯。

在教学方法上，轻讲解、重实践，采用实操演练的形式，让学生动手、动脑，既增强了学生学习的兴趣和信心，又提高了学生的技能水平，使其思想观念从“要我学”向“我要学”转变，从而更好地促进教学目标的达成。整节课的教学氛围浓厚，学生积极主动，教学效果良好。

教学过程中也有几点不足之处：

肌肉拉伤的症状之一是触疼明显、有条索状硬块，这一特征对学生来说其实是很不好把握的，过于专业的名词解释他们难以理解，所以课后仍有学生将抽筋、肌肉酸痛和拉伤混为一谈。对此，教学时应该使用学生更容易接受的方式讲解什么是肌肉拉伤，如在展示运动损伤的图片时，引导学生在观察的过程中分析运动损伤的症状、概括运动损伤的原因，通过初步的探讨与分析达到对肌肉拉伤的认识与理解，为后续学习打好基础。

针对本节课的难点，即肌肉拉伤的处理方法，小组实操演练虽然让每一位学生都进行了动手实践，但对学习能力较弱的学生来说，一次练习很难真正掌握正确的处理流程。如果采用分层次练习、分组讨论的形式，并让学生充分观察、交流感受等，不仅能让学生加深理解，还能培养学生交流与分享的能力。

学生是教学过程中的主体，学法要根据学生自身特点和课程内容来确定。通过对学情及课程内容的分析，引导学生采用自主探究法、小组讨论法等多种方法参与学习，充分调动学生的主观能动性，引导他们通过自身体验与合作交流掌握知识，培养其主动探索和自主学习的能力。

课程故事

阳春三月，温暖的阳光照耀着正在复苏的大地。此时校园内百花争艳，一切都显得格外生机勃勃。伴着这样美好的天气，学校体育组举办了一场激动人心的趣味运动会。

足球场上，体育老师正在组织六年级五人制足球班级联赛。已经到了比赛时间，可六（2）班的一名队员还不见踪影，这可把班上的同学急坏了。为了不影响比赛，六（2）班推荐李勇同学先上场顶替。李勇异常兴奋，上场后积极跑动，在一次带球突围时，闪过对方后卫瞄准球门，一脚大力抽射。正当所有的目光都随着足球移动时，我们听到了李勇的一声惨叫，看到李勇正抱着大腿侧躺在草坪上。裁判长马上示意停止比赛，上前察看伤情。不一会儿，李勇就被同学们抬下了球场，随即送往医务室。算算李勇上场的时间，还不足五分钟。

赛后体育老师了解了情况，并分析了李勇受伤可能的原因：一方面临时顶替上场，没有做好运动前的活动准备；另一方面没有经常训练，上场后动作不规范。

现在越来越多的家长开始意识到体育运动在孩子成长过程中的重要性，学校在保证学生在校运动时间的同时也加强了对学生的运动安全教育，但运动中的意外伤害依旧不时发生。

应该如何避免学生在运动中的损伤？

选择适合学生年龄的运动项目，是学校、家长要遵循的首要原则。不适龄，谈不上提高学生的运动技能。儿童伤害预防教育专家张咏梅将运动项目按照年龄做了分类，提出适合6岁以内学生的运动（以幼儿园游戏项目为主）有跳绳、跳皮筋、拍球、踢球、游泳、滑梯、做操等。这些运动既符合学生的身心发育特点，又便于学生自己控制运动强度。武术、跆拳道、舞蹈、游泳等根据学生的年龄、力量、身高、身体骨骼的发育程度不同，其实也有级别、难度之分，找到对应年龄的级别和难度非常重要。6岁以上才可以挑战的运动有拔河、掰手腕等。

预防运动损伤发生的关键是热身。

运动时有一个特别容易被忽略的环节——热身。我们经常看到学生到了运动场所，换上装备就开始运动，这就埋下了受伤的隐患。老师、家长要让学生知道：无论做什么运动，热身是第一个动作。热身是为了打开肌肉，疏通筋骨，让身体各器官做好准备，降低运动过程中出现抽筋、扭伤的概率。在运动之前，进行充分的热身是非常重要的。比如20分钟的剧烈运动，学生至少要热身10分钟。还有比较典型的就是佩戴护具，我们经常看到小孩子在骑单车、玩滑板车的时候没有正确佩戴护具。

运动比赛不仅可以强健体魄，还可以培养学生的拼搏精神，提高学生的自我心理调节能力。虽然过程中偶尔会发生一些身体上的摩擦，但如果因为这些可能发生的损伤而不运动，那就得不偿失了。若能提前掌握健康、科学的运动方式，可以极大地避免学生身体上的损伤，让他们更好地享受运动的乐趣。

校园公共安全实操课对学生来说是一种全新的教学活动，它既向学生普及安全、急救等各种应对突发事件的防范自救知识，增强学生的安全意识，又通过实操训练提升学生的安全自救及应急处理能力。公共安全实操课最突出的特点应该是“寓教于乐”和“注重实践”，它以学生日常容易发生的意外伤害为主要教学内容，结合学生的接受能力和学习兴趣，采用有声故事、安全游戏、情景模拟等体验式教学方法，在老师的指导下，引导学生进行避险、逃生、自救、互救等方面的实用应急技能训练。通过学生喜闻乐学的形式，强化学生对“危机”的正确认识与理解，训练并提升对“危机”的应急处理能力。相信本课题的调研及实操课程的开发、推广，有助于增强学生的安全意识，提高学生的安全操作技能和自我救护能力、生活适应能力。

第 5 课 安全自救之轻度擦伤或割伤处理技能

<table>
<tr><td>课题</td><td>安全自救之轻度擦伤或割伤处理技能</td><td>类型</td><td>安全自救实操课</td><td rowspan="3">教学视频</td></tr>
<tr><td>执教者单位及姓名</td><td>厦门市集美实验学校美山分校 曾 丽</td><td>适用年级</td><td>5—6 年级</td></tr>
<tr><td>指导者单位及姓名</td><td colspan="3">厦门市集美实验学校美山分校 孙仙伟</td></tr>
</table>

背景分析

小学高学段学生正处于自我意识迅速发展阶段，总体而言，表现欲望较为强烈。在活动课、课间活动中，总希望能引起他人关注，进而有些举动幅度较大，可能造成擦伤或割伤。

擦伤和割伤有轻重之分，如果较为严重，须立即就医。面对轻度擦伤或割伤时，有一些人总是抱着简单处理即可的心理，例如擦伤了，直接用清水清洗伤口等；还有一些人缺乏正确的处理技能，例如出现割伤意外时，直接拿纸巾包住伤口，再用透明胶带固定纸巾，造成伤口不透气和感染的情况，导致二次伤害。

因此，对小学高学段学生普及轻度擦伤和割伤的处理技能，尤为必要。

技能分析

1. 擦伤处理方法。

（1）清创：用生理盐水洗净伤口；

（2）消毒：用碘伏或酒精涂抹伤口周围的皮肤；

（3）包扎：用干净的纱布（或创口贴）包扎好。

续表

2. 割（裂）伤（伤口深）处理方法。

（1）止血：压迫伤口止血；

（2）清创：用生理盐水洗净伤口；

（3）消毒：用碘伏或酒精涂抹伤口周围的皮肤；

（4）包扎：用干净的纱布（或创口贴）包扎好。

动作技能流程图：

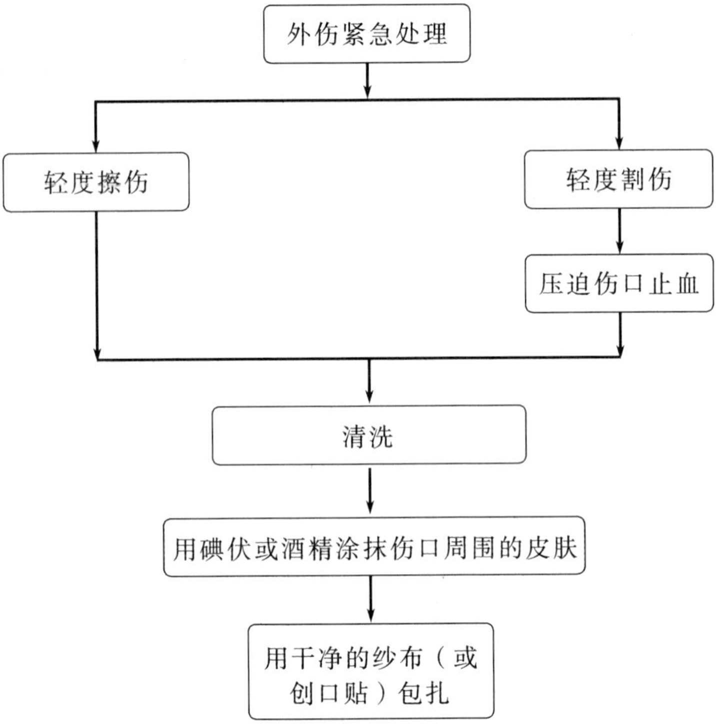

学生分析

1. 小学高学段学生正从儿童期向青春期过渡，充满好奇心且表现欲强，容易因活动过程中的疏忽或操作不当造成擦伤或割伤。

2. 学生处理突发事件的能力不强，在面对轻度擦伤或割伤时，容易因处理不当造成二次伤害。

续表

教学目标
1. 通过学习，能够辨别擦伤和割伤。 2. 通过活动，知道处置轻度擦伤和割伤的基本流程。 3. 通过实操训练，掌握处置轻度擦伤和割伤的基本方法。
教学重点
掌握处置轻度擦伤和割伤的基本方法。
教学难点
掌握处置轻度擦伤和割伤的基本方法。
教学资源
视频资源、碘伏（喷雾）、擦伤模拟橡胶手套、割伤模拟橡胶手套、创口贴、医用棉签、小脸盆（或塑料水槽）、医疗废弃物桶等。（数量根据班级学生分组来定，在本课教学中将学生分为 2 人一组）
教学流程
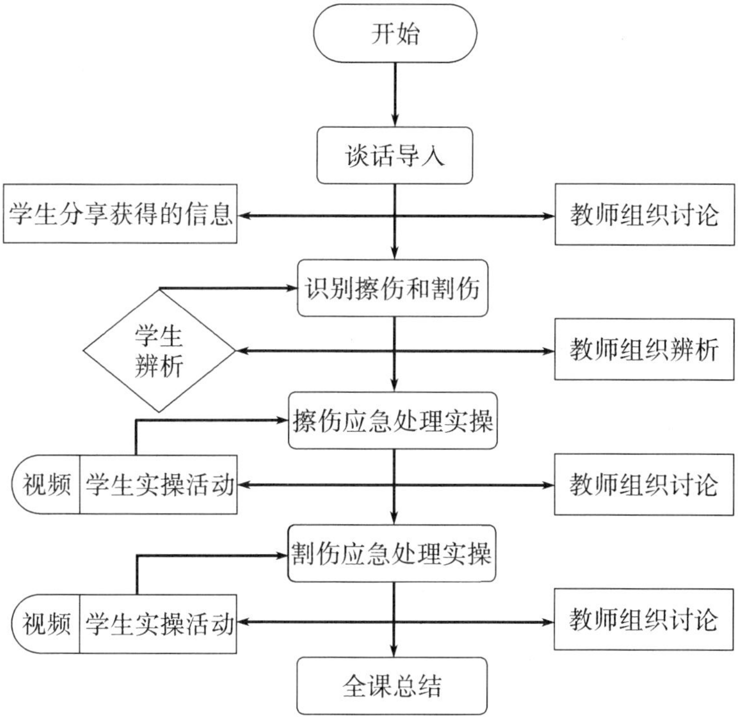

续表

过程设计	学生活动	教师活动	设计意图
（一）谈话导入	1. 齐读课题。 2. 思考后分享： （1）用美工刀削铅笔、制作模型切割时，容易割伤； （2）冲跑不小心摔倒时，容易擦伤； （3）运动中动作不当、摔倒时，容易擦伤。	1. 谈话：同学们，本节课我们学习的内容请看大屏幕，齐读。 2. 提问：生活中什么时候容易擦伤和割伤？	通过谈话，引发学生对日常生活隐患的思考，引导学生聚焦意外受伤时该如何处置的问题。
（二）识别擦伤和割伤	1. 观察图片后指出： （1）膝盖位置属于皮肤受到粗糙物摩擦而引发的擦伤； （2）手部位置属于皮肤受到刀片等锐器的划割而引发的割伤。 2. 观看课件，学习： （1）擦伤主要是表皮出现损伤； （2）割伤为皮肤破损、裂伤。	1. 提问：观察图片，说说图片中的受伤类别存在哪些不同。 2. 播放课件，认识擦伤和割伤的不同。	引导学生识别擦伤和割伤。

续表

过程设计	学生活动	教师活动	设计意图
（三）擦伤应急处理实操	1. 观看擦伤的应急处理视频，获取基本的处置方法。 2. 学习正确处理常见外伤。 （1）认识外伤处理的用具和药品。 用具：纱布、剪刀、棉签、创口贴、胶布。 药品：医用酒精、碘伏、生理盐水。 （2）学习擦伤的处理方法。 先用生理盐水洗净伤口，再用碘伏或酒精涂抹伤口周围的皮肤，用干净的纱布（或创口贴）包扎好。	1. 提问：当出现擦伤意外时，该如何进行紧急处理？一起通过视频学习。播放视频。 2. 谈话：通过视频，大家都知道了处理擦伤的常见用具和药品。 演示擦伤处理流程并指导学生操作。	让学生在实操过程中认识外伤处理的常见用具和药品，同时掌握擦伤处理的基本方法：清创—消毒—包扎。
（四）割伤应急处理实操	观看视频，学习割（裂）伤的处理方法。 （1）伤口浅时：同擦伤处理。 （2）伤口深时：先压迫伤口止血，再按清创、消毒、包扎的过程处理伤口。	提问：如果不小心割伤了，该如何进行应急处理？一起通过视频学习。播放视频。	让学生在实操过程中掌握割（裂）伤处理的基本方法：止血—清创—消毒—包扎。

续表

过程设计	学生活动	教师活动	设计意图
（五）全课总结	交流讨论，总结擦伤和割伤的应急处理技巧及注意事项。 （1）清理伤口时，切勿用热水。 （2）可以用冷敷来消肿止痛。 （3）处理好的伤口要保持洁净、干燥。 （4）避免阳光直晒伤口，避免剧烈运动。 （5）受伤后，伤口周围的皮肤会肿胀，这时应抬高或冰敷受伤部位。	教师小结并补充注意事项。	通过交流，增强学生对擦伤和割伤基本应急处理技巧的认识，同时提醒学生注意安全，增强防范意识。
板书设计	轻度擦伤或割伤的应急处理 擦伤——清创、消毒、包扎 割（裂）伤——止血、清创、消毒、包扎		

附件：

轻度擦伤或割伤处理技能考核表

被考核人：　　　　　考核时间：　　　　　考核人：

考核内容	评判标准	分值	得分
1. 识别擦伤和割伤	（1）能准确说出擦伤和割伤的区别，得 20 分； （2）基本能说出擦伤和割伤的区别，但不是非常精准，得 15 分； （3）能精准说出其中一种区别，得 10 分； （4）能模糊描述其中一种区别，得 5 分； （5）不会描述，得 0 分。	20	

续表

考核内容	评判标准	分值	得分
2. 擦伤的处置流程	(1) 能准确说出擦伤处置流程，得10分； (2) 基本能说出擦伤处置流程，但有一项描述不准确，得8分； (3) 基本能说出擦伤处置流程，但有两项描述不准确，得5分； (4) 不会描述，得0分。	10	
	(1) 能准确操作擦伤处置流程，得30分； (2) 基本能操作擦伤处置流程，但有一项遗漏，得20分； (3) 基本能操作擦伤处置流程，但有两项遗漏，得10分； (4) 不会操作或操作错误，得0分。	30	
3. 割伤的处置流程	(1) 能准确说出割伤处置流程，得10分； (2) 基本能说出割伤处置流程，但有一项描述不准确，得8分； (3) 基本能说出割伤处置流程，但有两项描述不准确，得5分； (4) 不会描述，得0分。	10	
	(1) 能准确操作割伤处置流程，得30分； (2) 基本能操作割伤处置流程，但有一项遗漏，得20分； (3) 基本能操作割伤处置流程，但有两项遗漏，得15分； (4) 基本能操作割伤处置流程，但有三项遗漏，得10分； (5) 不会操作或操作错误，得0分。	30	
总分		100	
考核说明	1. 本表中考核指标共5项，共计100分。		
	2. 等级：总分0—60分为不合格，61—75分为合格，76—84分为良好，85—100分为优秀。		

教学反思

本课课题为“安全自救之轻度擦伤或割伤处理技能”，主要针对小学高学段学生展开。在日常教育教学观察中，我们发现小学高学段学生正处于自我意识迅速发展阶段，表现欲望较为强烈，总希望能引起他人关注，进而有些举动幅度较大，容易造成擦伤或割伤。但由于日常生活经验不足，处理突发事件的能力不强，学生在面对轻度擦伤或割伤时，容易因处理不当造成二次伤害。因此，选择本课题进行实操授课，旨在让学生达成如下学习目标：

（1）通过学习，能够辨别擦伤和割伤。

（2）通过活动，知道处置轻度擦伤和割伤的基本流程。

（3）通过实操训练，掌握处置轻度擦伤和割伤的基本方法。

反观课堂推进情况，学生在经历“识别—操练—习得”的学习活动过程中，基本达成了目标，实现了预期。反思整堂课中的教师教学行为和学生学习活动经历，具有如下特点：

（一）基于“实操内涵” 设计实操活动

所谓实操，即实际操作，其内涵是学习者在实际操作过程中掌握知识、习得方法、培养技能等。本课教学定位为实操一节课，也就要求施教者应创设合适的实操活动，为学习者提供实操活动的时间和空间。

本课教学设计基于“实操内涵”，遵循“识别—操练—习得”的基本要求，设计擦伤处理、割伤处理两大实操活动。每个实操活动前，学习者通过视频示范学习，一方面识别概念，另一方面初步明晰应急处置的基本流程。在识别概念和明晰处置流程后，学习者进行实际操作，在实际操作中体验，在体验中习得应急处置的基本方法。

通过学习者在每个环节的活动反馈，我们能清楚判断“识别—操练—习得”的活动流程适合学习者进行实操内容学习。当然，这样的活动流程设计需要课堂实施者基于学习者的学习需求，清晰定位学习者的学习基础，为学习者经历实操活动提供充足的时间和空间。

（二）基于“实操内容” 设计实操学具

就本课的实操学习而言，如何让学习者在参与学习活动的过程中获得真实体验，显得尤为重要。一旦有效获得真实体验，学习者便能更好地掌握应急处置的基本方法。

在原有的设计思考中，我们准备采用带有关节的手部模型进行应急处置模拟，但通过课前测试发现，学生对模型的应急处置的真实体验感不强，特别是对包扎伤口的松紧程度没有充分的感受。换言之，基于模型的实操，无法有效满足“实操内容”的需求。

经过多次模拟和对比，本课最终选择戴模拟手套进行实操。模拟手套这一学具的设计，能有效突破实操相关难点。在课前，用水彩颜料在手套上绘制擦伤和割伤等伤口。待颜料风干后，一位学习者戴上手套，另一位学习者进行应急处置操作练习。当风干的颜料遇到双氧水时，可以被清洗掉部分，留下裸露的伤口，学习者涂上碘伏并进行伤口包扎，此时的创口贴贴得松或紧，对于学习者而言，体验显得真实。从学习者的发言中可以看出，当包扎太紧时，学习者能意识到这样的操作可能造成血液流通不畅，从而为后续正确包扎奠定坚实的基础。

创新操作学具的设计和使用，有效保障了“实操内容”的顺利完成。

（三）基于“实操成效” 设计实操评价

实操课堂组织有别于日常的学科教学组织，它更强调通过实操活动，让学习者能从真正意义上掌握处理突发事件的技能。因此，学习者经历实操活动，其“实操成效”便能显现。

在本课教学中，一方面在课堂组织推进过程中，课堂组织者与学习者、学习者与学习者之间相互的即时评价，为学习者获得“实操成效”提供导向。另一方面，课堂组织者设计“轻度擦伤或割伤处理技能考核表”，让学习者在自主操作的基础上进行自评或同伴之间进行互评。由于学习者是未成年人，其评价实施需要准确的评判标准，故考核表针对各项考核内容赋予明晰的得分标准，为评价的有效实施提供保障。

通过实操评价的实施，施教者可以第一时间掌握学习者的学习体验以及对于应急处置技能的学习效果。从学习者的课堂反馈和考核情况来看，这样的设计实施能有效达成预期目标。

以上为本课教学组织过程中的点滴思考。课无完课，本次的教学组织只是实操课程的一种尝试，还存在许多不足，后续还请同人给予有效互动，促进交流提升。

课程故事

（一）开发背景

1. 实操价值选择。

对于公共安全教育课程，在以往的教学中，许多教师总是停留在班会课上让学生看看视频、唱唱歌曲、做做游戏，在这些活动的基础上对学生进行相关公共安全教育内容的教学组织。这更多地关注了形式，忽略了对公共安全课程实操价值的探索，从而导致实操价值无法真正体现。

2. 内容价值选择。

小学高学段学生正处于自我意识迅速发展阶段，总希望引起他人注意，在各项活动的参与过程中偶有擦伤或割伤等意外发生。当意外发生时，学生容易因缺乏正确处理技能造成二次伤害，故对学生普及轻度擦伤和割伤处理技能知识极为必要。

基于实操价值和内容价值，如何跳出形式主义实操，走向真正意义上的实操，成为本次课程开发的主要方向。

（二）开发过程

本课内容开发，一方面为满足小学高学段学生日常应急处置的需求，另一方面为公共安全实操课从形式实操走向“真实操”提供借鉴意义和研讨参考价值。

课程内容设计初始，由于受到传统教学模式的束缚，我们更多考虑的是擦伤和割伤的概念建构，总是担心概念揭示不够明晰、学生建构不够深刻。在活动设计上，仅通过视频让学生学习，忽略了学生对方法习得成效的思考。经过课前与学生的沟通，我们发现设计伊始对于“实操内涵”的定位出现了偏差。

综上，本课设计开发小组对内容进行了新的定位：以学习者为中心，从学习者的学习需求出发设计课程、组织内容。在此定位的引领下，课程推进的学习视频、活动形式、实操学具等的选择均开始从学生的需求出发。

在与学生的沟通中发现，学习的视频资源不仅需要有明晰的操作流程，还需要配有相关的文字说明，如此一来，学生才能听得清楚、看得明白。因此，本课教学中选择的关于擦伤和割伤的视频均经过加工处理，为学生建构概念和明晰操作流程提供服务。

解决了视频问题，紧接着便要考虑实操活动的时间和空间。为了杜绝以往形式主义的实操再出现，本次内容开发设计之初，设计者便听取了学生的心声：如果能有更多的时间让大家体验，一步一步做，每人都能做，那么方法会更容易掌握。因此，充足的时间成为本次实操活动走向“真实操”的关键要素。

那么，多长的时间属于充足的实操时间？

课程设计者进行自我体验，在第一次不熟悉的情况下，进行伤口首次清洗、二次清洗，至少需要 2 分钟的时间，紧接着上药、包扎，还需 2 分钟。5 分钟，这是对成年人而言的，那么对学生而言，考虑到个体差异性，需要更多的时间。基于此，每个实际操作环节至少要留足 6 分钟，同时再留出至少 3 分钟让学生进行操作体验交流。如此设计交流时间，既可保障未完成的学生有时间继续跟上体验，又可让已完成的学生将自己的真情实感在分享中内化提升。

随着活动时间的明晰，在活动推进中，发现学生在手部模型上进行模拟操作时，总是在包扎环节上出问题——学生想尽可能地包扎紧实，殊不知如此紧实的包扎，可能导致血液流通不畅。可见，使用手部模型不合适。如何才能创设更为真实的情境呢？

参加核酸检测志愿服务活动时，设计者发现戴着手套进行扫描、点击屏幕二维码等操作的过程中，手套能给予使用者一些真实的体感。那么，可否将手部模型改为手套模型？也就是先在手套上绘制伤口，紧接着涂上近似于血液的材料，让学生模拟清洗伤口上的“血迹”和“脏物”。用什么样的材料模拟血液既真实又便于清洗呢？经过了多种测试，设计者选择了水彩颜料。就这样，基于手绘的模拟实操手套学具的设计出现了。当一位学生戴上手套时，另一位学生可进行应急处置操作练习。当风干的颜料遇到双氧水时，可以被清洗掉部分，留下裸露的伤口，学生涂上碘伏并进行伤口包扎，此时的创口贴贴得松或紧，对学生而言，体验显得真实。

（三）开发思考

本次内容开发过程中遇到的一系列问题引发了设计者的思考。教学组织者需要从学习者的学习需求出发，在资源选择、活动时空、学具开发等方面进行思考，围绕学习者的真实学习情况进行设计，从而让学习者真正学有所得、学以致用。

实操课程需要让学习者有真实的体验，因此，充足的时间和空间是实操课程实施的基础条件之一。学习成效如何，需要进行相关的评价，评价的真实性和及时性也是走向“真实操”的必要条件。

走向“真实操”的公共安全教育课程开发，需要所有的设计者摆脱形式主义实操束缚，需要自我参与体验，需要了解学习者的需求。只有这样，才能解决活动的时空问题，选择合适的资源，设计合适的活动，保障公共安全教育课程“真落地”。

第 6 课 安全自护之防网络诈骗技能

<table>
<tr><td>课题</td><td>安全自护之防网络诈骗技能</td><td>类型</td><td>安全自护
实操课</td><td rowspan="3">教学视频</td></tr>
<tr><td>执教者单
位及姓名</td><td>厦门市民立第二小学　林雪婷</td><td>适用年级</td><td>5—6 年级</td></tr>
<tr><td>指导者单
位及姓名</td><td colspan="3">厦门市梧村小学　徐晨来</td></tr>
<tr><td colspan="5" align="center">背景分析</td></tr>
<tr><td colspan="5">随着信息技术的发展、电子设备的普及，越来越多的学生开始接触网络世界。网络诈骗成为日益突出的社会问题。据厦门市刑侦大队近几年关于厦门市学生受骗的数据统计，各个年龄段的学生都存在被网络诈骗的现象，2020 年小学生被网络诈骗的数据同比 2019 年增长了 180%。由此可见，在小学高学段开展防网络诈骗教育势在必行。</td></tr>
<tr><td colspan="5" align="center">技能分析</td></tr>
<tr><td colspan="5">了解网络诈骗的现象
↓
辨别网络诈骗的招数
↓
掌握应对网络诈骗的技能
↓
化身宣传达人，向身边的人传播防诈知识</td></tr>
<tr><td colspan="5" align="center">学生分析</td></tr>
<tr><td colspan="5">小学生思想发育不够成熟，自制力较差，缺乏判断力，容易沉迷网络。虽然学生对网络诈骗有所耳闻，但当真正面对网络诈骗时，仍旧缺乏辨别意识和应对措施。</td></tr>
</table>

续表

教学目标
1. 了解网络诈骗的方式，培养辨别网络诈骗的能力。 2. 掌握辨别和应对网络诈骗的技能。 3. 通过学习，在课后能用实际行动做“防诈知识宣传小达人”。
教学重点
掌握辨别和应对网络诈骗的技能。
教学难点
掌握辨别和应对网络诈骗的技能。
教学资源
板贴、小剧本、网络诈骗小视频、防诈骗儿歌等。
教学流程
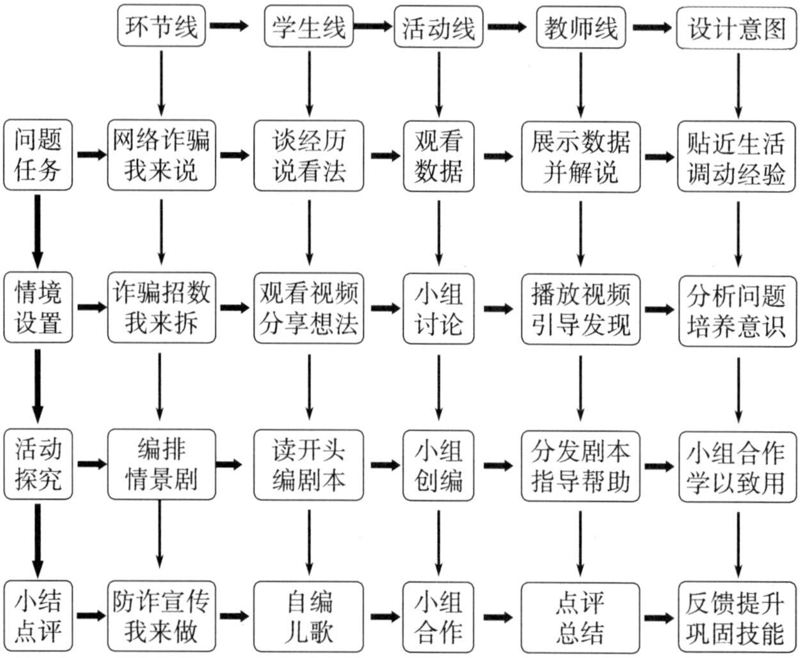

续表

过程设计	学生活动	教师活动	设计意图
（一）网络诈骗我来说	1. 分享身边的网络诈骗故事。 讨论、概括网络诈骗的形式。 2. 分析表格的数据，组内交流并派代表发言。 （1）中专生和大学生的受骗人数逐年减少，说明他们的防网络诈骗意识越来越强，而小学生、初中生、高中生受骗人数在2020年出现增加的情况，说明这几个群体的防网络诈骗意识较薄弱。 （2）小学生受骗人数在2020年出现大幅度增加，推测2020年由于线上教学需要用到网络，小学生比较单纯，容易上当受骗。 （3）2021年，各个群体的受骗人数都有所减少，说明防网络诈骗的宣传工作起了作用。	1. 播放视频，提问：通过刚才的视频，你们得到了什么信息？ 提问：现实生活中，你们接触过网络诈骗吗？能分享一下吗？ 小结：向大人寻求帮助很有必要；懂得保护个人隐私；及时向警察求助。这些都是不错的应对方式。 2. 出示表格，引导学生分析数据。 小结：诈骗分子已经盯上了校园里的学生。网络诈骗离我们并不遥远，它就在我们身边，这也是我们今天在学校开展防网络诈骗课的重要意义。	贴近学生生活，调动生活经验，导入新课主题。 观看数据，了解校园网络诈骗现状。

续表

过程设计	学生活动	教师活动	设计意图
（二）诈骗招数我来拆	1. 观看视频，找到视频中的网络诈骗招数，组内讨论破解网络诈骗的小妙招。汇总组员的意见，派代表发言。 2. 以小组为单位，边观看课堂情景剧边记录应对方式，思考是否有更好的应对方式，小组长汇总组内成员的意见。 情景剧《真假警察》：你的身份证前几天丢了，警察打电话过来说你的身份证被不法分子使用，盗用了银行一千万元，警察还说出了你父母的姓名以及联系方式，提出现在需要你配合调查，输入父母的银行卡账号和密码……	1. 播放视频，引导学生发现诈骗招数并思考破解小妙招。 根据学生的发言小结：及时向身边值得信任的家长求助；查资料可以帮助我们辨别诈骗招数；勤于思考就不容易上当受骗。 2. 请课前安排好的小演员上台演绎情景剧。 组织生生互评，引导学生关注情景剧中用到的网络诈骗方式并提出自己的应对策略。 小演员根据班级同学的建议，升级网络诈骗难度，再次演绎课堂情景剧。	小组合作，群策群力，提升学生的课堂参与度，落实安全实操课的教学目标。

续表

过程设计	学生活动	教师活动	设计意图
（三） 防诈 知识 我来谈	自由阐述自己的收获。	引导学生谈谈本节课的收获。	通过谈收获，进一步巩固学生的防网络诈骗能力。
（四） 防诈 宣传 我来做	齐读儿歌： 网络购物便利多， 诈骗方式也不少。 无故中奖勿轻信， 内心慌张找师长。 短信诈骗花样多， 陌生电话要当心。 冒充领导公检法， 抓住骗子找警察。 疾控中心很规范， 查找资料便知晓。 不理不信慎转账， 小心谨慎防万一。	出示防诈骗儿歌，引导全班学生齐读儿歌。 小结：今天的课就上到这里，希望大家化身小小宣传员，把课堂上学习到的防诈骗知识传授给身边的人。	儿歌读起来朗朗上口，便于学生记忆、传播。
板书设计	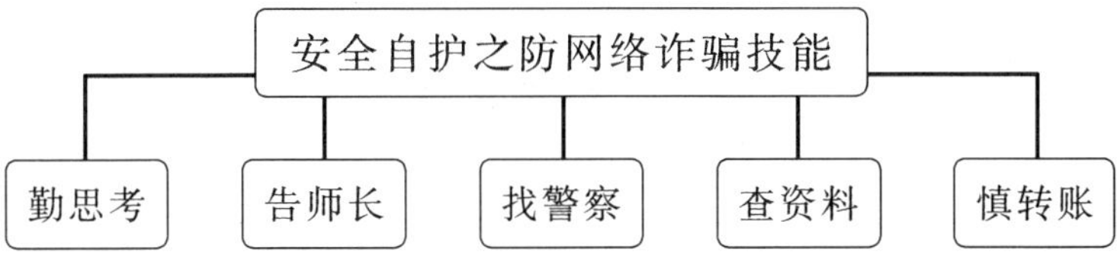		

附件：

防网络诈骗技能考核表

被考核人：　　　　　　考核时间：　　　　　　考核人：

考核内容	评判标准	分值	得分
1. 识别网络诈骗	（1）能准确说出3种或3种以上网络诈骗类型，得30分； （2）能说出2种网络诈骗类型，得20分； （3）能说出1种网络诈骗类型，得10分； （4）不知道网络诈骗类型，得0分。	30	
2. 应对网络诈骗	（1）能镇定自若地应对，得10分； （2）懂得向他人求助，得10分； （3）能借助所学知识或用查找资料等方式破解诈骗，得10分； （4）能自信大方地进行课堂情景剧的演绎，得10分。	40	
3. 宣传网络防诈知识	（1）能大声朗读防诈骗儿歌，得10分； （2）会唱《防诈 Mojito》，得10分； （3）能用自己的话谈本节课的收获，得10分。	30	
总分		100	
考核说明	1. 本表中考核指标共3项，共计100分。		
	2. 等级：总分0—60分为不合格，61—75分为合格，76—84分为良好，85—100分为优秀。		

教学反思

本节课从准备到正式录制，经历了整整两年的时间。感谢课题负责人及课题组老师的宝贵建议，让我执教的这节课得以相对成熟。

（一）立足事实，导入新课

教学伊始，我将从厦门市刑侦大队得到的学生受网络诈骗的数据以表格的形式呈现给学生，让学生从时间、群体、受骗人数等不同角度展开分析，接着以小组为单位分析数据变化的原因，从而引导学生明白学习防网络诈骗知识的重要性。由“教师教”到“生想学”的转变，极大地调动了学生学习的积极性和主动性，为这节课的开展做了一个很好的铺垫。

（二）演绎剧本，寓教于乐

知识的教与学要如何结合才能更有趣呢？为了检验学生是否真正掌握了防诈知识，我写了小剧本，剪成短视频，让学生寻找短视频里的网络诈骗招数。一开始，我设计了五个短视频，试上后发现学生分析视频的时间太久，会影响后续课堂情景剧的演绎，因此对短视频的数量进行缩减，为后续教学预留更充足的时间。

（三）大胆演绎，斗智斗勇

“旁观者清，当局者迷。”作为旁观者，大家都有一双明亮的火眼金睛，但如果故事发生在自己身上，又该怎么应对呢？我对上当受骗人数最多的案件进行梳理，从中挑选出“我是警察”等案件，并将其设计成课堂情景剧的剧本开头，让学生发挥自己的聪明才智，思考如何应对。

“如果你愿意给学生一个舞台，学生会还你一片精彩！”本节课我只给了学生开头，让学生自己去演绎接下来会发生什么事情，如何让自己避开网络诈骗。其实一开始我是不放心的，担心学生达不到我的要求，然而抱着试试看的心态，学生竟然给了我意想不到的惊喜。为了更逼真地呈现网络诈骗的案例，学生提前查找资料，了解网络诈骗案件，寻找大家上当受骗的原因，思考自己该如何应对。为了提升防诈骗的能力，扮演“骗子”的学生也尝试不断升级话术，这让学生在斗智斗勇的过程中不断了解诈骗招数，增强防诈意识。

（四）诵读儿歌，加深记忆

防网络诈骗是整个社会的课题。在信息技术高速发展的时代背景下，人人都可能成为网络诈骗的目标对象。如何将课堂所学传授给更多的人？经过不断思考，我们选择了儿歌这种形式。课后借用《Mojito》这首歌的曲，自己填词，学生们唱得很开心，于是我又让学生利用周末将其拍摄成视频，虽然没有很专业的拍摄工具，但大家还是看得津津有味。

课堂只是一个小小的天地，学生将课堂所学带给身边的人，知识点就不断扩散，越来越多的人遇到网络诈骗的时候就能够正确应对，上当受骗的人数便能有所减少，我们这节课便有了意义。

“没有最好，只有更好。”每一次上完课，哪怕是磨了十几次的课，我还是觉得有不足。这节课也有不足，比如在课堂上，我强调常规，导致学生比较拘谨，在演绎情景剧的时候会有点放不开。在正式的公开课上，如何给学生一定的自由，让他们做到不拘谨、放得开又能遵守课堂纪律，这应该是我今后努力的方向。

感谢课题研究小组给予我展示公开课的机会，让我对网络诈骗有了更深入的了解；感谢课题组的老师们给我许多宝贵的建议，让我对教给学生什么知识、以什么方式去教有了新的思考。

课程故事

我们身处一个信息大爆炸的年代，信息技术的发展极大地方便了我们的生活。但是，网络是一把双刃剑，学生利用网络进行线上学习的同时，遭受诈骗的风险也大大增加，我们开始思考如何提升学生的网络防诈意识，这就是“安全自护之防网络诈骗技能”一课的构思。

备一节有现实意义的课。在备课伊始，我们对学生遭受网络诈骗的情况进行了调查。原以为小学生接触网络的机会不多，应该不至于上当受骗，而当我们从厦门市刑侦大队拿到学生受网络诈骗的准确数据时，我们再一次觉得在小学开展防网络诈骗课势在必行。

“路漫漫其修远兮，吾将上下而求索。”如何以轻松愉悦的方式呈现知识点，让学生在有限的时间里扎实地掌握网络防诈知识？我们研讨了很多次，每一次研讨都把之前的观点推翻。单单宣传网络防诈骗儿歌，我们就改了十几次，既要朗朗上口，又要包含所有的网络防诈骗知识，还要考虑整首儿歌的逻辑性。关于《防诈 Mojito》，缘于当时《Mojito》这首歌很火，于是我们就想到改编歌词，让学生用唱的形式去传播网络防诈骗知识，可是等学生真的开始唱了，又有老师质疑这样的做法是否恰当。我们利用周末召集学生拍摄视频，学生唱得很认真，还加入了自己的舞蹈和剧情，可是又有老师提出拍摄手法不够专业，视频的像素太低……我们就这样一直备课，一直研讨，一直思考，最后这节课才得以以这样一种相对成熟的形态跟大家见面。

“星光不问赶路人，时光不负有心人。”在这节课之前，我还执教了一节有关煤气安全的主题课，当时是课题组徐老师第一次指导我，她清晰的逻辑思维、对课程的理解、对整节课架构的把握都让我深受启发。接到这次开课任务时，我就知道自己又要“脱一层皮”了。在日复一日的修改教案、课件中，在一次次的肯定和否决中，我终于有了越来越清晰的思路，我开始清楚我究竟要教什么，开始知道我要怎么教。在这样的历练中，我逐渐形成了自己的教学风格，找到了适合自己的教学方式。

“实践出真知。”让学生演绎课堂情景剧时，我们在思考：需不需要严格走位？需不需要专业性？一开始，我们觉得学生一定要很专业地展示，不可以笑场，不可以乱走动，这是一堂非常严肃的课，所以我在备课的时候很关注学生的表现。但是试上几次之后，发现表演的专业性并不是我们所追求的重点，我们在意的应该是学生如何应对网络诈骗，能否正确识别诈骗，是否懂得向他人求助，其次才是演出是否让人有身临其境之感。想通这一点后，课堂的氛围就轻松多了，学生不仅放得开了，还会提前去准备自己的演出小道具。关于剧本，我一开始想自己写好剧本，让学生照着我的剧本去演绎，可是经过研讨，我们还是决定放手让学生去写剧本。当我大胆放手时，我惊讶地发现，学生竟然考虑得那样周到。我一直不放心学生，这种“不放心”体现在我总是想多说一点，怕我说少了，学生不会。但是经过这节课，我真正明白，如果你愿意给学生一个舞台，他们真的会还你一片精彩！

“教育是一场春风化雨的修行。”在课题研究过程中，要特别感谢遇到的好导师，在我感到困惑和迷惘的时候，她总是及时为我指点迷津，为我拨开层层迷雾；感谢课题组的老师们，在线下研讨的时候，给了我许多宝贵的意见，让我对这节课有了更多的思考。从有经验的老师身上习得教育的智慧，将我所学的传授给我的学生们，教育就是这样一场春风化雨的修行，以“润物细无声”的姿态“红了樱桃，绿了芭蕉”，带给我许多温暖与成长。

总之，经历了许许多多个夜晚，经历了一次次的否决与肯定，安全自护之防网络诈骗技能课终于和大家见面了。未来，我还将继续前行……

第7课　安全自护之自行车骑行技能

课题	安全自护之自行车骑行技能	类型	安全自护实操课	教学视频
执教者单位及姓名	厦门第六中学　林晓蓉	适用年级	7—9年级	
指导者单位及姓名	厦门五缘实验学校　李志东			

背景分析

2021年教育部印发的《生命安全与健康教育进中小学课程教材指南》中指出，安全应急与避险是生命安全与健康教育的重要内容之一。立足日常生活情境，引导学生增强“安全为本”的意识和能力，帮助学生树立关爱生命、热爱生活的观念，形成健康意识，养成健康生活方式，提升健康素养。

交通伤害是导致学生意外受伤和死亡的重要原因。进入21世纪以来，我国每年因道路交通事故造成的死亡人数都在10万左右，中小学生所占的比例接近15%。其中，0—6岁学龄前阶段、13—15岁初中阶段事故高发，这暴露出中小学生的安全教育、自我防范意识比较薄弱。中学生上学、放学以骑行、乘坐公共交通工具为主，且独自出行比例较高，而上学、放学时间段通常是上下班高峰期，路上车流量较大，存在较多安全隐患，因此要加强“平安校园”建设，就要切实有效地预防中小学生交通事故的发生。

续表

技能分析
本节课的技能分为两部分：骑行关键技能和上路骑行应对技能。 骑行关键技能：①骑车前安全检查——“四查一调”；②正确刹车——“先左后右”；③定点停车——“轻刹左下”。 上路骑行应对技能指向日常生活中上路骑行时最常见的三种情境：①道路骑行遇突发情况（前方车辆突然开门）；②转弯；③定点停车。 应对技能的动作简单易学，有关键动作的步骤分解，且动作原理符合初中生的认知水平，与学生已有的骑车经验和技能具有一定的联系。
学生分析
一是活泼好动，自控力差。一部分中学生在公路和街道通行时，或互相追逐嬉戏，或行走路线多变，不顾前后左右，不理车辆行人，任意穿行，因此发生交通事故的概率很高。 二是好奇心强，喜欢冒险。中学生思维简单，求知欲望强烈，容易产生盲目的冲动，做出冒险行为，如与车辆赛跑、低头猛拐、骑车撒把、违法载人等，极易诱发交通事故。 三是参与交通活动频繁。中学生交通活动的路线虽不复杂，但是每日需数趟往返于学校和家之间。另外，节假日和课余时间还经常上路嬉耍，是参与交通活动比较频繁的群体。 四是交通活动特点明显。中学生上学、放学时间相对固定，往往是上下班高峰期，机动车流、自行车流、人流迅速交汇，交通环境复杂。中学生正处在成长阶段，身体和大脑发育还不够健全，反应能力、判断能力、处理突发情况的能力较差，加上未接受过交通安全常识的系统学习，由此增加了交通事故风险。
教学目标
1. 通过交通知识理论考核，了解交通安全的基本常识。 2. 通过考自行车“骑行证”的活动，在体验中习得骑行关键技能和上路骑行应对技能。 3. 通过实操活动，增强交通安全意识和安全骑行意识，实现安全上路。

续表

教学重点

1. 掌握交通安全知识。
2. 熟练掌握安全骑行的关键技能和应对技能。

教学难点

熟练掌握上路骑行应对技能。

教学资源

1. 道路骑行遇突发情况（前方车辆突然开门）、转弯、定点停车应对技能图解海报。

2. 道路骑行遇突发情况（前方车辆突然开门）、转弯、定点停车应对技能讲解视频。

3. 交通安全知识测试题库。

教学流程

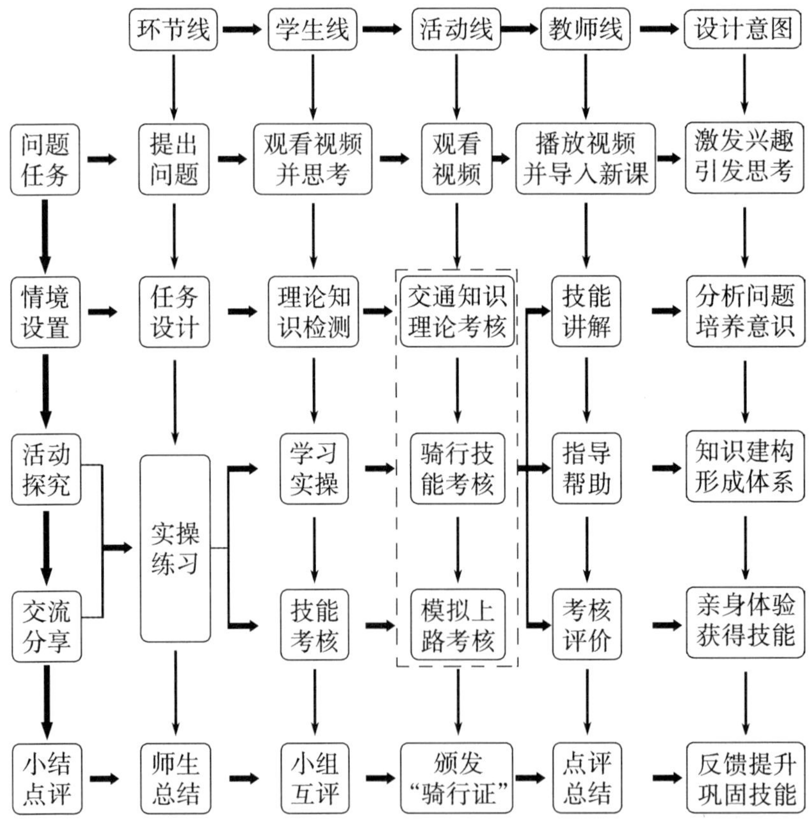

续表

过程设计	学生活动	教师活动	设计意图
（一）实例导入	观看视频，了解一些常见的事故发生场所：①转弯处；②行人拥堵处；③与机动车会车处。	1. 播放新闻视频。提问：从这些自行车交通事故中，可以总结出哪些不安全的因素？ 小结：虽然大家都通过自学习得了基本的骑车技能，但是由于缺乏交通安全知识的系统学习，安全骑行意识缺失，骑行仍存在较大的安全隐患。 2. 导入新课：大家都知道机动车上路之前需要通过一系列的考试才能获得驾照，那么为了实现自行车骑行安全，我们今天也要考一考大家，通过三个科目的考验，便可获得自行车“骑行证”。三个科目分别是交通知识理论考核、骑行技能考核和模拟上路考核。	通过新闻实例，引导学生初步建立道路安全防范的意识，重视学习安全骑行关键技能。
（二）科目一：交通知识理论考核	1. 课前自学《中华人民共和国道路交通安全法》，掌握交通安全基本知识。 2. 进行交通知识理论考核。	1. 发放交通理论知识检测卷。 2. 根据学生现有水平进行分组，选出车技娴熟者担当各考核组组长。（如有不会骑行的学生，则暂时不参与课堂考核，抽出部分善于骑车的同学另外辅导他们。）	通过课前自学，学生熟练掌握交通安全基本知识，课上操练巩固所学。

续表

过程设计	学生活动	教师活动	设计意图
（三）科目二：骑行技能考核	1. 学习三项骑行关键技能。 2. 组长进行动作示范，同学点评正确与否。 3. 组员进行骑行关键技能考核。	1. 视频和讲授相结合，总结三项骑行关键技能。 （1）骑车前安全检查——“四查一调”； （2）正确刹车——“先左后右”； （3）定点停车——“轻刹左下”。 2. 教师考核每组组长。	通过学练结合的方式，促进学生熟练掌握骑行关键技能。
（四）科目三：模拟上路考核	1. 前方车辆突然开门时。 （1）观看教学视频并自主模仿学练完整动作。 （2）观看技能图解海报并模仿学练分解动作。 （3）观摩教师、组长的示范动作并学练。 2. 转弯时。 （1）观看教学视频并自主模仿学练完整动作。 （2）观看技能图解海报并模仿学练分解动作。 （3）观摩教师、组长的示范动作并学练。	1. 播放教学视频，引导学生自主模仿学练完整动作。 2. 展示技能图解海报。 3. 示范关键技能动作。 4. 考核上路骑行应对技能。	通过对常见的情境进行考核，提高学生应对突发情况的骑行技能。

续表

过程设计	学生活动	教师活动	设计意图
（五）总结	通过三个科目考核的学生获得“骑行证”。	总结：通过今天的一系列考核，大家已基本掌握了规范的交通安全知识，习得安全骑行技能。骑行安全无小事，希望通过今天的学习，大家能够增强自我防范意识，确保骑行安全，营造更安全的校园环境。	
板书设计	自行车骑行技能 科目一：交通知识理论考核 科目二：骑行技能考核 科目三：模拟上路考核		

附件：

骑行安全考核科目一

每题1分，满分10分，如未得满分，则须重考。

考生：　　　　　　　批改人：　　　　　得分：

一、判断题

1. 道路划分为机动车道、非机动车道和人行道的，机动车、非机动车、行人实行分道通行。（　　）
2. 道路没有划分机动车道、非机动车道和人行道的，机动车在道路中间通行，非机动车、行人在道路两侧通行。（　　）

二、选择题

1. 必须年满（　　）才能骑自行车上路。

　A. 9周岁　　　　B. 10周岁

　C. 11周岁　　　　D. 12周岁

2. 电动自行车在划分车道的道路上行驶时，应当在（　　）内行驶。

A. 机动车道

B. 非机动车道

C. 人行道

D. 随便哪条车道

3. 发现车辆发生交通事故后逃逸的情况，你应当（　　）。

A. 尽量记住肇事车辆的号牌、车身颜色、车辆型号、车辆用途及逃逸方向等情况，并立即报警

B. 赶快离开现场，避免麻烦

C. 在无急救知识的情况下，自行抢救受伤人员

D. 自行追赶肇事车辆

4. 非机动车未设停放地点的，应停放在（　　）。

A. 不妨碍其他车辆和行人通行的地点

B. 不妨碍其他车辆和行人通行的路边

C. 人行道上

D. 非机动车道上

5. （多选题）骑自行车时，不得有下列哪些行为？（　　）

A. 攀扶车辆

B. 牵引或者被牵引

C. 互相追逐

D. 手中持物

6. 通常情况下，自行车刹车以（　　）。

A. 右手把控制的前刹车为主，左手把控制的后刹车为辅

B. 左手把控制的后刹车为主，右手把控制的前刹车为辅

7. （多选题）自行车转弯时，在刹车减速后，应（　　）。

A. 抓紧转弯通行

B. 向后瞭望，看四周情况

C. 以明确的手势示意后再转弯

8. 遇前方车辆开门，应该与车辆留有（　　）以上的安全距离。

A. 3 米

B. 0.5 米

C. 1 米

自行车骑行技能考核表

被考核人：　　　　　　　　考核时间：　　　　　　　　考核人：

考核项目	考核内容	分值比	分值	考核标准	得分
交通知识理论考核	《中华人民共和国道路交通安全法》	10%	10	若未得满分，则须重考。	
骑行技能考核	1. 骑车前安全检查	30%	10	(1)“四查”：骑行前要检查车闸、车胎、车把、车铃等部件是否完好、牢固、灵敏；(5分) (2)“一调”：调整座椅到合适的高度。(5分)	
	2. 正确刹车		10	(1) 情况判断：通常情况下，以左刹车为主，右刹车为辅，危急情况下，前后刹一起用；(5分) (2) 正确刹车。(5分)	
	3. 下车动作		10	(1) 刹车（定点）：下车时轻捏刹车，停到指定的位置；(5分) (2) 下车：从坐垫上站起，左脚落地，从左手边下车。(5分)	
模拟上路考核	1. 前方车辆突然开门	60%	30	(1) 减速：提前刹车，减速慢行；(10分) (2) 安全距离：与车辆留有3米以上的安全距离；(10分) (3) 通行：确认安全后通过。(10分)	
	2. 转弯（左拐弯）		30	(1) 观察：提前刹车，减速慢行，向左后方瞭望，避免与直行和右行车辆产生冲突；(10分) (2) 手势：以明确的手势示意后再转弯，不要突然猛拐；(10分) (3) 通行：确认安全后通过。(10分)	
总分					
考核说明	1. 本表中考核指标共6项，共计100分。 2. 等级：总分0—75分为不合格，76—80分为合格，81—90分为良好，91—100分为优秀。				

教学反思

“安全”是一个永恒的话题，学生的健康成长离不开良好的安全环境，而在学生中，以中学生为主的群体具有独特性。他们活泼好动，好奇心强，易受外界事物干扰，喜欢冒险和挑战，但自控能力弱、辨别是非能力差，特别是由于生活经验少，自我保护意识差。“交通安全”课题与学生的现实生活密切相关，有着积极的社会意义。因此，在本节课的设计中，我主要采用丰富的生活资料和考取“骑行证”这种互动性强的教学活动来吸引学生，使学生感受到交通安全之重要，在师生互动、生生互动中增强遵守交通规则的意识。通过本节课的教学，我有以下几点体会：

（一）密切联系生活实际，让教育回归生活

生活是教育之源，只有借助鲜活的生活实际，学生才会有浓厚的兴趣，才能更好地相互交流，进而全身心投入到活动中，教学才能获得理想的效果。如课前的小调查，学生主动走进生活、参与课堂，使教育与生活紧密联系了起来。再如课上展示的交通事故视频及一些违章图片，均是学生生活中可以见到的，触目惊心的画面让学生真正感受到安全的重要性。

（二）创设适宜的情境，提升自护意识和能力

教会学生自我保护的方法，培养学生自我保护的能力，使其有足够的能力和勇气沉着应对突发事件，是开展安全教育课的目的，也是现代素质教育的一项重要内容。传统的安全教育教学中，学生活动主要依靠教师引导，而教师在组织时往往会忽略学生的自主性和参与性。如对于自行车骑行可能面临的一些危险，部分学生并没有明确的认识，他们认为只要会骑车就行了。常言道：“知其然还要知其所以然。”很多时候老师认为学生知道了这些知识，但事实是学生虽然了解了知识，却不能灵活运用到生活中。学生不仅要掌握理论知识，更要会实操，这也是开展本节课的目的。所以，在活动中应充分发挥学生的自主性和参与性，使活动生动、有趣。尤其对于初中生来说，如果教师只是一味地反复叮嘱或训斥，没有让学生去体验、去感受，那么学生不仅无法顺利掌握技能，还会产生抵触心理。

在教师创设的真实情境中，让学生通过自我体验学习自我保护的方法，是一条能够取得事半功倍之效的捷径。

（三）调动自主探究学习，让生生互助式教育发生

本课主要的考核方式为小组考核，每组选拔一名骑行能力较好的学生作为组长，由组长负责本组组员的技能考核。在授课过程中，教师讲解动作要领后，由各组的组长进行示范，其他学生进行评价。教学与评价过程都以生生互助式为主，让学生成为课堂教学的主力军，教育也就在同伴互助间润物细无声地展开。

（四）不足与待改进之处

活动评价环节有待完善。本节课的评价方式以小组长评价为主，较为单一，教学过程中老师从旁指导时可以多一些即时的鼓励与表扬，在教学环节设计上可以多一些科学合理的评价机制。此外，教学中出示的交通事故相关资料虽能让学生观看后有震撼之效，但也要考虑到小部分同学的接受程度。

课程影响力有待进一步拓展，可让学生将本节课的学习延伸至课后生活中。比如，学生可以结合本节课所学和自己的生活经验，总结更多的自行车骑行安全守则，制作相关的手抄报、短视频，还可以成立安全骑行社团，到社区、周边学校进行宣传等等。

总之，安全教育课要力求以丰富的生活场景、真实的案例、自由的创作空间为学生搭建一个自主探究、合作交流的平台，让学生真正体验到交通安全的重要性，用自己的实际行动为全社会的交通安全贡献力量。

课程故事

（一）教学背景

随着城市化进程的加快和交通方式的多样化，自行车作为一种环保、便捷的交通工具，越来越受到人们的欢迎，已成为学生上下学的主要交通工具之一。然而，骑自行车存在很多安全隐患，由于缺乏骑行安全意识和

技能，很多学生在骑车过程中发生了意外事故，给家庭和社会带来了巨大的创伤。为了增强学生的骑行安全意识，提高学生的安全骑行技能水平，本课应运而生。

（二）教学目标和过程设计

本课的教学目标是帮助学生了解骑行安全知识，增强骑行安全意识，掌握安全骑行技能，减少交通事故的发生。具体目标如下：

一是了解自行车的结构、骑行姿势、行车规定等基本知识。

二是掌握自行车的制动、转弯、避让等安全骑行技能。

三是掌握刹车故障、路面状况不良等突发情况下的应急处理方法。

四是学会处理常见的安全问题，如正确穿戴安全装备、遵守交通规则等。

1. **调研阶段。**

为了开发符合学生实际需求的自行车骑行安全课，我们进行了大量的调研工作。我们走访了多所中小学校并开展问卷调查，了解他们对自行车骑行安全课的需求和期望。同时，我们还参考了国内外相关的骑行安全课资料，对各种教学模式进行了研究。

2. **确定教学方法。**

我们采用了多种教学方法，包括理论教学和实操演练。理论教学包括课堂讲解和视频学习；实操演练则通过组织学生进行自行车骑行操作，让学生在实践中掌握安全骑行技能。

3. **编写教学材料。**

我们编写了教材、试卷并制作了课件，包括自行车安全骑行教程、交通安全知识考试题库、关键技能讲解海报、实践操作指南等。

4. **教学设计阶段。**

在调研的基础上，我们设计了一套自行车骑行安全课方案，包括教学目标、教学内容、教学方法和评估方式等。教学采用理论和实践双驱动模式，结合机动车驾照考试方案，将学习内容分成科目一、科目二、科目三三部分，寓教于乐。

（1）教学导入。

简单介绍自行车的结构和使用方法，随后播放新闻视频，引起学生对安全骑行的重视，鼓励大家考取自行车“骑行证”。根据学生现有水平进行分组，选出车技娴熟者担任各考核组组长。

（2）科目一：交通知识理论考核。

发放理论知识检测卷，检测学生对骑行安全基本知识的掌握情况。检测完毕，对易错点和学生认为的难点进行讲解。

（3）科目二：骑行技能考核。

主要介绍安全骑行技能，如转弯、刹车、避让等。通过实际操作、模拟演练和考核的方式，让学生掌握三项骑行关键技能，包括骑车前安全检查、正确刹车、定点停车等。

（4）科目三：模拟上路考核。

主要介绍自行车事故的防范和处理方法，包括路况判断、事故处理等内容。通过实例分析和案例讲解，让学生了解各种事故发生的原因和处理方法。模拟遇前方车辆突然开门、自行车转弯等场景，让每个学生亲自操作，并对学生进行考核。

5. 教学实施阶段。

在实施阶段，我们采用多种教学方法，如讲授、演示、考核等，让学生全面掌握骑行安全知识和技能。同时，我们注重教学的趣味性和实用性，通过设计丰富多彩的课堂活动，让学生在轻松愉悦的氛围中学习。

6. 教学评估阶段。

教学实施结束后，我们进行了测评，了解学生对自行车骑行安全课的学习情况和反馈意见。同时，我们还对教学的实施效果进行评估和总结，发现并解决了一些教学难点和问题。

（三）教学难点

1. 实践操作难点。

开展自行车骑行安全课的一个难点是在实践操作环节。学生骑行技能水平不同，有些学生已经掌握了基本技能，而有些学生则需要更多的练习。针对这个难点，我们采用分组教学的方式，每个小组根据自己的实际情况进行练习，专业人士根据学生的不同情况进行有针对性的指导。

2. 教学安全难点。

自行车骑行存在很多安全隐患，因此在教学过程中需要注重教学安全。我们制定了详细的教学安全规章，在有限的场地范围内设计出安全、合理的考核路线。

（四）教学成果和亮点

1. 多元化的教学方式。

我们设计了多种教学活动，包括理论教学、模拟训练和实地实践，让学生掌握不同情境下的安全骑行技能。

2. 专业的教学团队。

我们的教学团队由骑行专业人士和中学教师组成，有着丰富的专业知识和实践经验，能够为学生提供高质量的教学服务。

3. 实用的教学材料。

我们编写了多份实用的教学材料，包括交通安全知识考试题库、自行车安全骑行教程、关键技能讲解海报等，让学生能够更好地了解安全骑行知识和技能。

4. 创新的实践方式。

教学参考考取机动车驾照的流程进行设计，将理论与实践相结合，增加师生互动，引导学生重视骑行安全，培养“安全无小事”的意识。

（五）教学总结

骑行安全对学生而言具有重要的意义。本课的开发和实施，有助于增强学生的骑行安全意识，提高学生的安全骑行技能水平，降低交通事故的发生率，保障学生的人身安全和生命健康。

在开发过程中，我们注重针对学生实际需求设计内容和选择教学方法，注重实用性和趣味性，让学生在轻松愉悦的氛围中学习。同时，我们也发现了一些教学难点和问题，并采取相应措施加以解决，优化了教学的实施效果。

在今后的教学中，我们将进一步完善骑行安全课，不断增强学生的骑行安全意识，提高学生的安全骑行技能水平，保障学生的安全和健康。

第 8 课　安全自救之高楼火灾逃生技能

<table>
<tr><td>课题</td><td>安全自救之高楼火灾逃生技能</td><td>类型</td><td>安全自救实操课</td><td rowspan="3">教学视频</td></tr>
<tr><td>执教者单位及姓名</td><td>厦门市第十一中学　黄鹭铭</td><td>适用年级</td><td>7—9 年级</td></tr>
<tr><td>指导者单位及姓名</td><td colspan="3">厦门市第十一中学　蒋荣辉　许少斌</td></tr>
<tr><td colspan="5">背景分析</td></tr>
<tr><td colspan="5">2021 年 10 月 12 日，厦门市某小区高楼住宅发生火情，事故造成 2 死 1 伤。近年来，类似的高楼火灾事故提醒我们，除了社会、学校、家庭要为学生创造安全的环境以外，还需要普及逃生技能教育，让学生掌握相关的逃生技能，在危急时刻学会自救。
学生在平时如果能多掌握一些逃生自救知识，临危不乱，就能将灾害损失降到最低。因此，让学生提高对日常消防安全的认知、掌握自救逃生技能是十分有必要的。让孩子带动家庭，让家庭带动社会，形成全民重视消防的良好社会风气，这是形势，更是趋势。</td></tr>
<tr><td colspan="5">技能分析</td></tr>
<tr><td colspan="5">1. 正确识别逃生路线图。
正确识别逃生路线图中的当前位置、安全出口、安全路线、灭火器位置、消防栓位置等标识。
2. 确定正确的逃生方案并科学逃生。
学生根据日常储备的逃生常识，在火灾发生时，能够正确判断行动路线和方案，科学逃生，尽可能减少伤亡。
本节课提出以“基础层—模拟层—反思层—实操层—归纳层”为主线的逃生技能学习模型，旨在帮助初中生掌握消防知识、增强消防安全意识、训练火灾逃生技能，并迁移应用到实际生活中。</td></tr>
</table>

续表

学生分析
1. 过去经验：在内容层面上，初中生普遍对一些安全逃生知识不太了解；在技能层面上，初中生大多在校园中进行过地震演练，但体验不同火情场景的机会较少。 2. 学习能力：初中生模仿能力较强，对感兴趣的事情有较强的求知欲，通过教师的讲解与学生的实际演练，能够将相关安全知识在一定程度上迁移应用到生活中。 3. 学法特点：初中生对图片、视频以及动手操作活动等更具积极性，因此在课堂上设置趣味游戏和互动项目，可使学生提高学习热情、加深印象。
教学目标
1. 掌握逃生路线图的识别方法，能够正确识别所处环境。 2. 切实增强消防安全意识，真正掌握相关消防知识与逃生技能。 3. 经历情景模拟和实操演练的过程，掌握危急时刻逃生和自救的技能，在险情发生时，能够在最短的时间内有序离开危险场所。
教学资源
火灾场景图片和视频、逃生路线图、安全逃生讲解视频等。
教学重点
增强消防安全意识，掌握高楼火灾逃生技能。
教学难点
在不同的实际生活场景中迁移应用逃生技能。

续表

教学流程

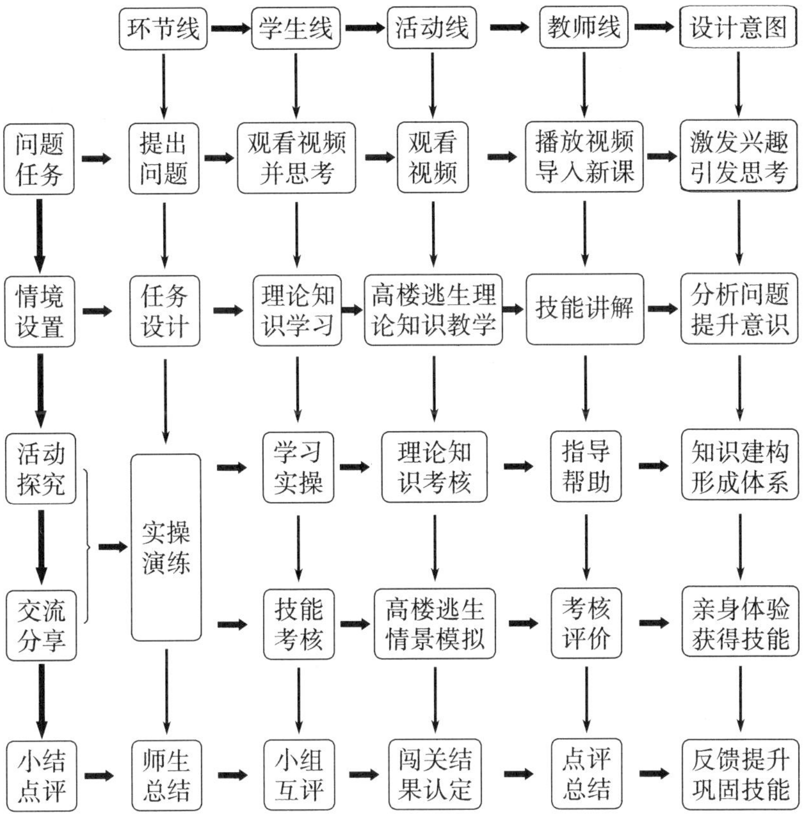

过程设计	学生活动	教师活动	设计意图
（一）创设情境，警钟长鸣	1. 观看视频，交流回答问题。 2. 领取个人考核表，准备完成本节课的积分闯关游戏。	1. 播放厦门某小区火灾视频片段。提问：若火灾时置身高层大楼之中，我们如何才能保护自己？ 2. 介绍闯关规则：分为个人考核和小组竞赛。若能通过模拟火场的逃生考核，则获得高楼火灾逃生证。	通过观看视频，学生直观感受火灾的无情，激发学习积极性。 通过闯关游戏，激发学习热情。

续表

过程设计	学生活动	教师活动	设计意图
（二）前情：防患于未然	交流分析，回答问题。 灭火器使用口诀：一提、二拔、三握、四灭。	提问：如果只是起小火，可以怎么做？ 演示灭火器的使用方法并与学生一起复习灭火器的使用口诀。提醒学生，灭火时应该站在上风口。	引导学生科学判断：当火势很小时，如果掌握了灭火器的使用技巧，及时扑灭就可以避免酿成更大的灾难。（责任意识）
（三）正传：逃出生天	1. 分享交流，由一名学生代表发言，其他学生补充。 识别逃生路线图的关键：看清图中的当前位置、安全出口、安全路线、灭火器位置、消防栓位置等。 2. 前置作业：自制一张自己家里的逃生路线图。课堂上根据教学内容重新修正逃生路线图并展示小组作品。 3. 小组活动：4人为一小组，全班同时参与游戏，比拼哪个小组逃生最快并分析原因。	【按图索骥】 1. 提问：识别逃生路线图的关键是什么？ 图示学校逃生路线图，引导学生总结识别逃生路线图的关键。 2. 组织学生讨论并修正课前自制的逃生路线图，选出画得最好的逃生路线图，请小组展示并说明原因。 【金科玉律】 3. 情境：火势较大，浓烟四起。 （1）提问：逃生时，你认为在火场中应该遵循哪些基本原则？	引导学生认识到发生险情时，未成年人的第一要务是逃离现场。通过活动，帮助学生提升识图能力，增强居安思危的安全意识。 通过模拟逃生小游戏，引导学生认识到，只有冷静、有序，才能顺利地逃离火场。

续表

过程设计	学生活动	教师活动	设计意图
（三）正传：逃出生天		（2）模拟逃生小游戏。道具：将8根由绳子牵引的棒棒糖放进瓶子里，绳子在外面。4个人一小组，当火灾发生时教师下达指令，全组成员牵引棒棒糖逃出瓶子。	
	4. 观看火场逃生指导视频，并结合课前学习的知识，分享所思所得，提炼要点。 （1）若尚无浓烟，可大声呼喊、唤醒他人，快速向下逃离火场； （2）若须穿过浓烟逃生，用湿毛巾或衣物捂住口鼻，尽量用浸湿的衣物保护头部和身体，弯腰低姿迅速撤离。	4. 播放火场逃生指导视频。	以视频结合学生讲解、教师补充的形式，帮助所有学生融入场景中，学习相关逃生知识。
	5. （1）桌面上有绿色牌和红色牌，分别写有“是”和“否”，所有学生举牌回答，示意面对危急情况时的选择。	【学以致用】 5. （1）创设情境，快问快答。 情境一：你在22楼，突然发现外面浓烟四起，原来是楼上起火了。①是否选择回卧室拿钱包？②是否乘坐电梯？	引导学生认识到，面对灾难时“走为上计”，遭遇险情时要学会科学“逃出”。

续表

过程设计	学生活动	教师活动	设计意图
（三）正传：逃出生天	（2）讨论并总结，提炼逃生要点：折叠布类物品并沾湿，捂住口鼻；朝远离起火点的安全出口逃离；保持冷静，有序、快速逃离；不贪恋财物，生命第一；不乘坐普通电梯；不轻易跳楼。 6. 结合前面学习的内容，描述当外部有烟雾时的科学逃生方案。 提炼逃生要点： （1）可以逃生的情况：门把手不烫且烟雾不大时，可以用湿衣物包裹住自己的头部和身体，用湿毛巾捂住口鼻，向外逃生，远离着火层。 （2）需要等待救援的情况：门把手很烫或者烟雾很大，说明火离自己	情境二：你在22楼，楼下起火，此时门把手很烫。①是否走到屋外走廊？②是否选择跳楼或者爬出窗外？ （2）总结“自救六要诀”。 ①“三要”：一要熟悉所在环境；二要保持沉着、冷静；三要防止烟毒侵害。 ②“三不”：一不乘坐普通电梯；二不轻易跳楼；三不贪恋财物。 6. 室内情景模拟。 场景：室内着火地点不明，外部有烟雾。 组织小组讨论并设计逃生方案，选择一个小组派代表进行展示。教师点评及指导。	通过考核和及时反思归纳，巩固逃生知识和要点。

续表

过程设计	学生活动	教师活动	设计意图
(三)正传：逃出生天	很近，此时需要紧闭房门，用湿毛巾、被子等堵住门缝，防止烟毒侵入，并在远离火的地方呼救，等待救援。 7. 结合前面学习的内容，正确判断科学逃生路线，并快速做出反应。 学生互相评价，描述逃生过程中存在的问题，并总结逃生要点。 8. 反思小结。	7. 高楼火灾逃生技能考核：以小组为单位，每个小组面对不同的情境，根据情境快速做出反应。 情境①：着火点在同楼层西侧，烟雾高度在2米以上。 情境②：着火点在同楼层东侧，烟雾高度在1米左右。 情境③：着火点在低于自己两层的位置，门把手不烫，外部烟雾从西侧向上蔓延，但烟雾不大。 情境④：着火点在自己楼上两层的位置。 8. 请高楼火灾逃生技能考核的记录员分享自己看到的同学们逃生时的表现。 小结：给考核中成功逃生的学生颁发高楼火灾逃生证，并给逃生率最高的小组颁发“最佳小组奖”。	

续表

过程设计	学生活动	教师活动	设计意图
（四） 后传： 迁移 应用	发言谈收获，进行小结： （1）识别逃生路线图； （2）明确逃生路线和出口位置； （3）保持冷静，有序逃离。	提问：在今天的课中，你有什么收获？ 提问：在小区居民楼、商场等其他场所，你该如何安全逃生？	延伸课堂内容，迁移应用到更多的场景中。
（五） 课后 教育 延续	1. 发表感言。 2. 课后延伸，主动宣传消防安全知识（以小组为单位，二选一）： （1）制作消防安全知识宣传视频。 （2）制作消防安全知识宣传海报。	歌颂“逆行者”。讲述叶晓辉烈士的故事。	本课是起点，而不是终点。引导学生宣传本课学习的知识，让更多的人受益。
板书设计	安全自救之高楼火灾逃生技能  一提　二拔　三握　四灭 自救六要诀 三要：1.要熟悉所在环境；2.要保持沉着、冷静；3.要防止烟毒侵害 三不：1.不乘坐普通电梯；2.不轻易跳楼；3.不贪恋财物		

附件：

高楼火灾逃生技能考核表

被考核人： 考核时间： 考核人：

<table>
<tr><th>考核项目</th><th>考核方式</th><th>考核情况（完成的画“√”）</th></tr>
<tr><td rowspan="4">（一）
情景模拟测试</td><td rowspan="4">快问快答</td><td>第 1 题：</td></tr>
<tr><td>第 2 题：</td></tr>
<tr><td>第 3 题：</td></tr>
<tr><td>第 4 题：</td></tr>
<tr><td rowspan="3">（二）
逃生考核</td><td rowspan="3">模拟实践</td><td>1. 判断起火点，往正确地点逃生。</td></tr>
<tr><td>2. 正确判断是否需要弯腰低姿，在烟层以下快速逃生。</td></tr>
<tr><td>3. 用浸湿的毛巾或衣物捂住口鼻。</td></tr>
<tr><td colspan="3">是否通过考核：</td></tr>
<tr><td colspan="3">[备注] 符合以下要求就可以通过考核：①快问快答环节答错题目不超过 1 题；②模拟实践环节完成 3 个要点。</td></tr>
</table>

教学反思

生命安全是学生学习、生活的重要前提，在创造安全环境之余，普及逃生技能也十分重要。随着城市化进程的加速，高楼大厦越来越多，高楼火灾时有发生，因此，掌握高楼火灾逃生技能显得尤为重要。在学生群体中，初中生的模仿能力强，对感兴趣的事情有很强的求知欲，对图片、视频以及动手操作活动等更具积极性。本节课主要借助与高楼火灾相关的图片和视频等资料，通过考取高楼火灾逃生证这种互动性较强的教学活动来吸引学生，引导学生掌握在高楼火灾中正确且快速逃生的方法。通过本节课的教学，我有如下感悟：

（一）密切联系生活实际，注重心理辅导

众所周知，高楼火灾是可怕的，但是学生在生活中较少目睹真实的高楼火灾场景，不太了解高楼火灾发生时自救的重要性和紧迫性。因此，要积极创设与日常生活紧密相关的高楼火灾场景，让安全教育和逃生技能教学取得理想的效果。例如，导入时先播放发生在我们身边的高楼火灾视频，引导学生感受高楼火灾的破坏性和火势发展的快速。一旦置身高楼火灾中，人往往会感到慌乱，不知所措，这势必会严重影响逃生行动。所以，有必要在教学中进行适当的心理辅导，让学生了解如何保持冷静、如何应对紧急情况等。本节课中，教师利用小游戏，让学生明白在火场中保持冷静、有序的重要性；通过情景模拟，让学生体验到紧急情况下的心理反应，从而更好地了解自己的心理状态。只有“真实”地体验过，才能真正地从心底认识到学习自救技能的重要性，才能够在意外发生时采取正确的自救措施，切实保护好自己。

（二）创设真实教学情境，提升自救能力

培养学生在高楼火灾发生时的科学自救能力，是本节课的主要目标。传统的安全教育课主要由教师进行讲解和操作，学生的主动性和参与性无法得到充分发挥。例如：对于身处火场如何逃生自救，部分学生可能仅停留在掌握理论知识层面，当火灾真正发生时，可能就失去了科学逃生和及时自救的能力，因而课堂上不能仅使用单一的语言讲解形式，还应利用电脑游戏、情景模拟等方式创设教学情境，引导学生在真实的情境中运用好自救策略，让学生更加深刻地理解学习逃生技能的重要性，同时掌握逃生自救的技能。

（三）培养学生实操能力，增强合作意识

本节课的主要考核方式为小组考核。每组推荐一名高楼火灾逃生能力较强的学生作为小组长，由小组长负责记录本组成员的考核信息，并进行小结、点评。在高楼火灾逃生中团队合作是非常重要的，因此，该教学与评价过程以生生合作为主，通过小组考核、团队协作来完成任务，让学生学会协作、互助，从而提高逃生效率。

（四）不足与待改进之处

实操活动的评价环节有待改进。本节课的实操环节评价以小组长评价、总结为主，较为单一，可先由个人反思自己当时的逃生策略是否正确，再由组内其他成员指出需要改进之处，最后由小组长进行点评、总结，借此引导学生深入参与课堂活动。此外，实操环节还可以使用一些辅助道具，如烟幕弹等，以创设更加真实的教学情境，增强高楼火灾逃生的真实感。

总之，本节课的教学需要做到学用结合，重在让学生习得高楼火灾逃生技巧、提高火场逃生自救能力，以便在发生意外时能够科学自救，确保生命和财产安全。

课程故事

（一）教学背景

随着城市化进程的加速推进，高楼大厦已经成为人们学习、工作和生活的主要场所，高楼大厦的安全问题越来越引起人们的关注，高楼火灾的逃生问题更是人们关注的焦点。据报道，每年有不少学生由于缺乏用火用电的安全常识和高楼火灾自救的技能而受伤，甚至葬身火海，给家庭和社会造成了巨大的损失。为了增强学生的安全意识，提高学生的自救能力，开发高楼火灾逃生技能课显得尤为重要。

（二）教学目标和过程设计

本课的教学目标是帮助学生学会在高楼火灾发生时进行科学逃生，提高其自救能力，确保生命安全。具体目标为：掌握逃生路线图的识别方法，正确识别所处环境，制定科学的逃生策略；增强消防安全意识，掌握相关消防知识与逃生自救技能，在火灾险情发生时，能够在最短的时间内有序离开危险场所。

1. 调研阶段。

为了开发符合学生实际需求的高楼火灾逃生技能课，我们进行了大量的调研工作。我们对学生进行了需求分析，了解他们对高楼火灾逃生技能课的需求和期望。同时，我们还参考了国内外相关的资料，对各种教学模式进行了研究，发现目前的高楼火灾逃生技能课以讲解为主，缺乏模拟演练和实践操作。

2. **确定教学方法。**

我们采用了多种教学方法和手段，包括理论教学和实操演练。理论教学包括课堂讲解和视频教学；实操演练则通过创设情境，组织学生进行高楼火灾逃生演练，让学生在实际操作过程中真正掌握高楼火灾逃生技能。

3. **制作教学材料和考核表。**

我们制作了多份教学材料，包括逃生路线图、高楼火灾逃生指南等。此外，还制作了“高楼火灾逃生技能考核表”，借“考证”环节评价学生在本节课的学习情况以及对高楼火灾逃生自救技能的掌握情况。

4. **教学设计阶段。**

在调研的基础上，我们设计了一套高楼火灾逃生技能课方案，包括教学目标、教学内容、教学方法和评估方式等。教学结合高楼火灾逃生证的考核方案，寓学于乐。具体内容如下：

（1）教学导入：创设情境，警钟长鸣。

播放厦门某小区火灾视频片段，引起学生对高楼火灾的关注，从而引入本课的主要内容——如何在高楼火灾中成功逃生，创设真实的情境，鼓励学生通过个人考核，获得高楼火灾逃生证。

（2）前情：防患于未然。

引导学生思考：如果发生小火灾，应该怎么办？回顾灭火器的使用口诀，同时演示灭火器的使用方法，加深学生的印象。

（3）正传：逃出生天。

主要介绍在高楼遇到火灾时，需要做好哪些准备及怎样根据不同的起火位置、火势大小等关键信息来设计逃生方案，引导学生识别安全逃生路线图，掌握高楼火灾逃生的“自救六要诀”。讲解后，组织学生开展快问快答、室内情景模拟、高楼火灾逃生技能考核等活动，进一步了解学生学以致用的情况。

（4）后传：迁移应用。

主要针对学生的表现情况进行点评，分析、讲解学生实操过程中的难点和易错点，引导学生积极思考在小区居民楼、商场或其他场所遇到火灾时应该如何安全逃生，从而实现课上所学知识与技能的迁移应用。

（5）课后教育延续。

主要引导学生学习、致敬“逆行者”——十一中校友叶晓辉烈士（消防战士），让学生认识到在日常生活中一定要正确用火用电，防范火灾事故的发生，引导学生宣传学习到的消防知识，让更多人受益。

5. 教学实施阶段。

在实施阶段，我们采用多种教学活动，如讲解、演示、模拟演练、互动问答、逃生考核等，促进学生全面掌握高楼火灾逃生的基础知识和基本技能。同时，我们注重教学的趣味性和实用性，通过设计丰富多彩的课堂活动，让学生在轻松愉悦的氛围中学习。

6. 教学评估阶段。

教学实施后，我们对学生进行了测试和评价，了解他们对高楼火灾逃生技能课的学习情况。此外，我们对教学的实施效果进行评估和反思，解决了一些教学的重点、难点以及待改进的问题。

（三）教学难点

1. 实践操作难点。

开展高楼火灾逃生技能课的一个难点是在实践操作环节，即如何在校内创设逼真的教学环境，让学生能够真切地感受到火灾的发生，进而做出真实的反应。针对这个难点，我们选择了教学楼三楼的教室，为每个小组设置了不同的情境，让学生根据情境做出判断并采取相应行动，如判断逃生方向、用湿毛巾捂住口鼻等。

2. 教学演练难点。

学生在进行火场逃生演练的过程中存在诸多安全隐患，因此，教学过程中需要提前考虑许多细节。我们制定了详细的教学安全规章，在有限的场地范围内设计出安全合理的逃生路线和科学的考核策略。

（四）教学成果和亮点

1. 多元化的教学方式。

我们采用了多种教学方式，包括理论教学、情景模拟和实操演练，让学生掌握相关理论知识后，可将其运用到实际生活中。

2. 专业的教学团队。

教学团队包括共建单位的消防队员和中学教师，他们有着较为丰富的实践经验和专业知识，能够为本课提供高质量的教学服务。

3. 实用的教学材料。

我们制作了多份实用的教学材料，包括课件、安全逃生路线图及指导视频、高楼火灾逃生技能考核表等，让学生通过不同形式的材料了解高楼火灾逃生的知识，习得相关技能。

4. 创新的实践方式。

本节课将理论和实践相结合，设定获得高楼火灾逃生证的情境，引导学生通过视频学习、实操演练等方式，提高高楼火灾逃生技能水平，增强防患于未然的意识，同时注重教学的趣味性，调动学生学习的积极性。

（五）教学总结

高楼火灾逃生技能课的开发和实施，可以增强学生的逃生自救本领，有效降低高楼火灾中的伤亡率，切实保障学生的生命安全。在开发过程中，我们注重根据学生的需求进行创新性设计，以理论和实践相结合的方式开展教学，同时注重教学的趣味性，引导学生在轻松的氛围中学习。

今后，我们将进一步完善高楼火灾逃生技能课的设计和实施，不断提高学生的高楼火灾逃生技能水平，保障学生的生命安全。

第 9 课 安全自救之校园欺凌和暴力的预防及应对技能

课题	安全自救之校园欺凌和暴力的预防及应对技能	类型	安全自救实操课	教学视频
执教者单位及姓名	厦门双十中学思明分校 黄少丹	适用年级	7—9 年级	
指导者单位及姓名	厦门市逸夫中学 翁建辉 厦门双十中学思明分校 王 振			
背景分析				

近年来，校园欺凌和暴力事件频发，给未成年人造成巨大的身心创伤。校园欺凌的背后折射出原生家庭的教育缺位、学校相关教育亟待加强等综合性问题。

新修订的《中华人民共和国未成年人保护法》第三十九条规定：学校应当建立学生欺凌防控工作制度，对教职员工、学生等开展防治学生欺凌的教育和培训。《中华人民共和国民法典》中规定，实施校园欺凌行为需要承担法律责任，情节严重的需要承担刑事责任。两部法律均关切校园欺凌这一话题，关爱未成年人的身心健康，保护其合法权利不受侵犯。两部法律要求学校建立学生欺凌防控制度、强制报告制度，为未成年人的成长保驾护航。2021 年，厦门市教育局发布文件，强调预防校园欺凌的重要性，要求安排班级开展主题班会课，组织学生学习如何识别校园欺凌和校园暴力，及时求助寻求解决。

预防校园欺凌安全教育进课堂，对青少年的健康成长具有重要的意义。它能够引导学生注意言行举止，学会防患于未然，预防欺凌事件。当欺凌发生时，学生学会以恰当的方式进行应对，增强自我保护意识，提高自我保护能力。

续表

技能分析

1. 认知技能。

能够在生活中分辨校园欺凌，分析校园欺凌的危害，增强预防校园欺凌的意识。

2. 应对技能。

校园欺凌和校外暴力的预防与防卫技能图解：

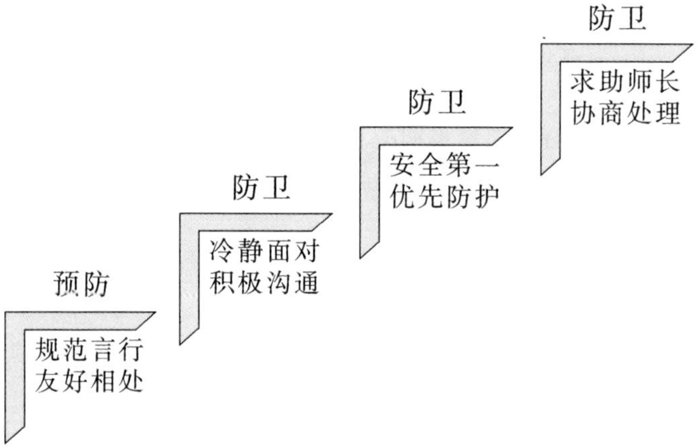

学生分析

欺凌者分析：初中生处于生理快速发育阶段，心理也随之出现变化，往往情绪波动较大、好胜心强、冲动易怒。学生若成长于家庭结构不完整或者亲子关系不和谐的家庭中，往往缺乏家庭的关爱，遇事无处倾诉和宣泄，更容易情绪失控，进行欺凌活动。

受欺凌者分析：身材矮小、身体肥胖或者过于瘦弱的学生，口吃、残疾等有生理缺陷的学生，一些性格内向、孤僻胆小、自卑敏感的学生，容易成为被欺凌的对象。

学生学习应对校园欺凌技能分析：初中生对校园欺凌行为的认知不够完善，缺乏应对技能。面对校园欺凌事件时，不能冷静处理，容易情绪化，甚至受到恐吓不敢告诉老师和家长，选择独自忍受，导致欺凌事件愈演愈烈。

基于以上困境，本节安全实操课重点从认识校园欺凌、分析其危害出发，帮助学生从情感上树立预防意识，并通过情景模拟习得预防技能。学生以生活经验为基础，还原生活情境，进行分析与应对。

教学目标

1. 通过课堂学习，了解校园欺凌的类型。

2. 通过课堂分享，掌握预防和应对校园欺凌的技能。

3. 通过课堂反思，增强安全意识和自我保护意识，培养和谐友善的人际关系。

续表

教学重点

1. 学会辨别不同类型的校园欺凌。
2. 掌握校园欺凌和暴力的预防和应对技能。

教学难点

能够分析校园欺凌的具体情境并掌握预防和应对的技能。

教学资源

1. 校园欺凌应对技能图解说明。
2. 校园欺凌相关新闻。
3. 校园欺凌预防和应对安全知识测试题库。

教学流程

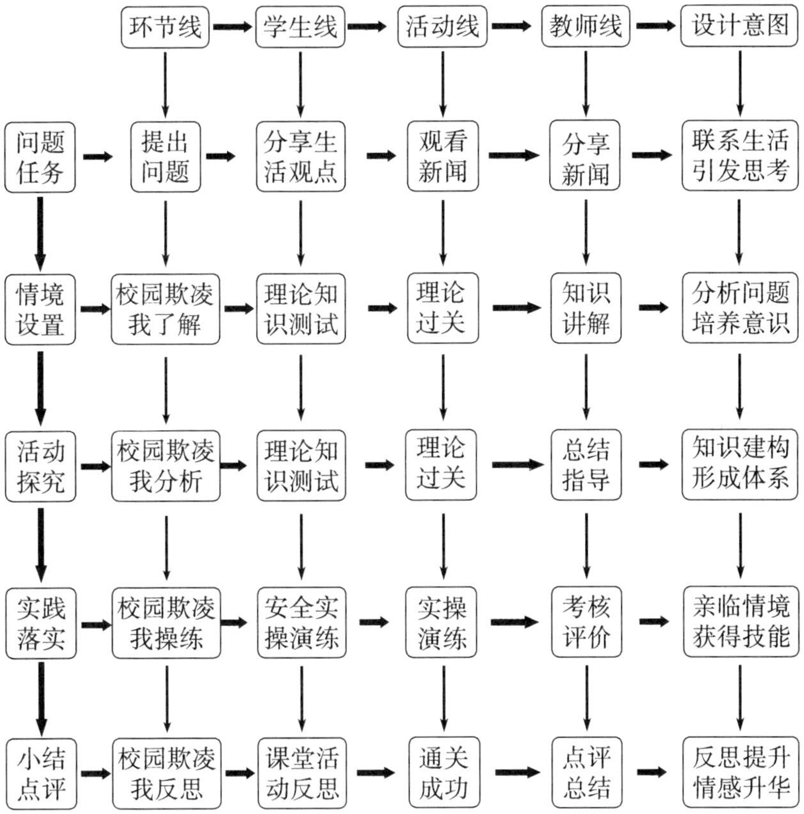

续表

过程设计	学生活动	教师活动	设计意图
（一）校园欺凌我了解	1. 阅读校园欺凌相关数据，了解校园欺凌的严峻现状。 2. 列举生活中的经历，分享对校园欺凌行为的定义。 了解校园欺凌事件——2020年，深圳13岁女生遭网络暴力。2021年3月，北京朝阳区某学生遭言语、肢体欺凌。2021年4月，厦门13岁少女被围殴。	1. 展示数据：联合国教科文组织发布的《校园暴力和欺凌全球数据报告》和我国发布的《中国校园欺凌调查报告》的数据。 2. 提问：同学们，你们认为校园生活中，哪些行为属于校园欺凌？ 列举新闻中的校园欺凌事件，纠正学生对校园欺凌行为的定义。 总结： 校园欺凌表现在以下几个方面：①肢体欺凌；②网络欺凌；③言语欺凌；④社交欺凌；⑤校外欺凌。	借助数据，直观展示校园欺凌的严峻现状，引起学生重视。 新闻事件引发学生思考，从学生的认知入手，让学生对校园欺凌和校外暴力产生直观感知，认识到校园欺凌就在身边，激发其自我保护的意识。
（二）校园欺凌我分析	1. 分析校园欺凌的危害。 受害者：承受巨大压力，对身体和心理造成双重打击。 欺凌者：助长恃强凌弱的坏风气，可能使其染上恶习，走上不正当的道路。 学校：影响校园风气。 2. 结合生活经验，分享、学习应对校园欺凌的技巧。	【案件析危害】 1. 讲述案件：2021年3月，北京朝阳区某学生遭言语、肢体欺凌。 2. 提问：欺凌者最喜欢欺凌哪些同学？ 过渡：如果真的发生校园欺凌，我们应该如何应对？	

续表

过程设计	学生活动	教师活动	设计意图
（三）校园欺凌我操练	1. 实操模拟。 小组长组织组员讨论并进行情景模拟展示。 如何面对五种类型的校园欺凌？ 情境一：小许长得比较黝黑，班上几个爱闹事的同学常常给他起各种绰号，如“黑包公”“黑蒜”“黑煤球”。长此以往，小许内心非常难受。小许可以…… 情境二：小厦总喜欢炫耀自己的新球鞋，班上几个男生看不惯，各种活动都不让他参加，孤立他。小厦感到很难过，他可以…… 情境三：年级几个“大姐大”会在课间搜刮钱财，家境富裕的小鹭被盯上了，课间被围到墙角，恐吓不交出钱财，将会被拳打脚踢。小鹭可以……	1. 组织学生实操模拟，学生互评。教师评价并总结应对技巧。 【学习安全贴士】 （1）言语欺凌。 ①保持冷静有思考，不以其道还其身。 ②积极沟通促和谐，及时应对找方法。 ③协商无果找老师，化解矛盾才到位。 （2）社交欺凌。 ①消极情绪不积压，面对调整是良方。 ②积极沟通促和谐，及时应对找方法。 ③协商无果找老师，化解矛盾才到位。 （3）肢体欺凌。 ①提醒对方违法纪，受到惩戒很严厉。 ②危急时刻要防卫，生命安全第一位。 ③及时报备找老师，化解矛盾才到位。	选取贴合学生校园生活经历的例子作为素材，更具现实的探讨意义和学习意义。

续表

过程设计	学生活动	教师活动	设计意图
（三） 校园欺凌 我操练	情境四：小陈和小吴白天在班级发生了口角，回家后，小陈发朋友圈辱骂小吴，夸大事实，小吴也在评论中提到之前的矛盾，攻击对方，导致事情愈演愈烈，知道事情的人越来越多。小吴感到很苦恼，她可以…… 情境五：小闽与校外的小辉联系密切，近期他们产生了一些矛盾。某天放学，小闽图回家更方便，走了僻静的小路，遇上了两个社会青年，说要替小辉打抱不平。小闽可以…… 2. 知识抢答。 各小组进行知识抢答，记录积分。	（4）网络欺凌。 ①文明上网我做起，打铁还需自身硬。 ②提醒对方违法纪，受到惩戒很严厉。 ③及时报备找老师，沟通化解能到位。 （5）校外欺凌。 ①偏路暗路不宜走，结伴同行有照应。 ②遇到侵害勇说"不"，沉着冷静巧应对。 ③缓和气氛少动怒，保证安全多求助。 2. 开展校园欺凌预防及应对知识抢答。	

续表

过程设计	学生活动	教师活动	设计意图
（四） 校园欺凌 我反思	分享学习所得。	总结：同学们，校园是学习的净土、成长的乐园。希望在座的各位同学不做无声的忍受者，大胆对欺凌说“不”；不做欺凌的施暴者，与人为善，化解矛盾；不做冷漠的旁观者，在保护自己的前提下，帮助他人。让我们共建和谐温馨的校园，对校园欺凌和暴力说“不”。	
板书 设计	校园欺凌和暴力的预防及应对 类型：言语、社交、肢体、网络、校外 危害：欺凌者、被欺凌者、学校 预防与应对： 预防 ⟶ 规范自身言行 应对 ⟶ 积极沟通、安全防卫、自救互救		

附件：

校园欺凌和暴力的预防及应对技能评价表

小组	项目			总分
	情境实操（30分）	判断题（50分）	选择题（20分）	
第一组	自评： 生评： 师评： 合计：			

续表

小组	项目			总分
	情境实操（30分）	判断题（50分）	选择题（20分）	
第二组	自评：			
	生评：			
	师评：			
	合计：			
第三组	自评：			
	生评：			
	师评：			
	合计：			
第四组	自评：			
	生评：			
	师评：			
	合计：			
第五组	自评：			
	生评：			
	师评：			
	合计：			

教学反思

校园本该是学生健康成长的净土，然而近年来，一些校园欺凌与暴力事件令人触目惊心，它就像一块乌云笼罩在校园的上空，给学生的身心健康发展带来巨大的威胁。初中生正处于身心急剧变化的青春期，身心发育尚未成熟，行为习惯、价值观念尚在养成期间，对于校园欺凌的预防意识淡薄，应对的方法也未成体系。因此，本节课从学生校园生活场域出发，关注校园欺凌和暴力的安全隐患，旨在增强学生的安全防范意识，使其认识校园欺凌和暴力的表现形式及其危害，从思想认识到实际行动上学会预防及应对，共建和谐校园。通过本节课的教学，我有如下感想：

（一）课堂结构完整，知、情、行一致

安全无小事，防患于未然。学生掌握校园欺凌预防以及应对的安全技能，首先要从认知层面了解它，并清楚欺凌行为的表现；接着从情感上自觉抵制并积极预防，认清其危害；最后在行动层面上践行，坚决不做欺凌行为的施暴者、不做默不作声的受害者、不做事不关己的旁观者。课堂设计"校园欺凌我了解""校园欺凌我分析""校园欺凌我操练""校园欺凌我反思"等环节，旨在引导学生知、情、行一致，增强校园欺凌的安全防范意识，掌握基本的预防和应对方法，规范自身言行，预防校园欺凌，积极面对、解决，将伤害降到最小。

（二）构建真实情境，贴合学生实际

真实的情境，才能使学生链接真实的生活经验，产生真实的情感，并思考解决的办法。本节实操课创设的情境均取自生活中学生容易产生矛盾的场景，并通过文学加工，创设冲突，使学生在课堂中感受到生活中常见的困惑，并积极思考化解的方法，在共同探讨中自觉掌握预防和应对的技能；让学习真正发生，学生自愿生成学习成果、主动探讨技能学习，让安全意识深入人心、启迪心灵。

问题是课堂教学的起点，课堂反思呈现的问题是教学改进的起点。通过本课教学，我收获颇丰，课堂所反馈的问题更推动着我不断前行。

1. 课堂教学传统，缺少创新设计。

本节课的环节完整，从认知、情感到行动层层推进，教学的环节主要采用课堂对话的方式进行，实操部分采用模拟扮演的方式进行，整体授课方式较为传统，课堂的新意和亮点体现不足。原本设计时有创设沉浸式体验的想法，但由于较难落实，最终放弃，因此课堂呈现较为中规中矩，没有太多的创新设计，课堂精彩度不够，较为平淡，不够亮眼。

2. 学生参与不足，情景模拟不充分。

由于课程主题所要达成的技能实操性不强，具有较强的情景性，没有标准化的技能范式，所以在实际课堂中没有设计全员参与的实操环节。学生的参与度不够，大部分只能通过简单的观摩来感受，没有办法真实地模拟，并通过老师和同学的评价进行修正，因此在课堂中体验的参与感不强。这也是本节课在设计过程中让人比较苦恼的地方，很难进行突破设计，需要进一步改进。

课堂教学只有更好，没有最好。从学生本位出发，了解学生的困惑，关注其安全困境，还原相对真实的生活情景，让学生在课堂安全的环境状态下畅所欲言，扎扎实实地收获安全技能，助力学生在生活的大课堂中学有所获，学思并行，一路安全前行，一路温暖相伴。我想，这是我们安全实操课课题组发自内心的希冀。愿我们的孩子能够平安健康地成长，绽放青春的风采！

课程故事

青春如红玫瑰，带着傲人的美丽绽放，也带着荆棘生长。青春的成长或许总会伴随着些许的阵痛，作为师者，我们希望这样的阵痛达到启迪成长的目的即可，不要造成身心伤害。因此，增强学生的安全责任意识，为自己的安全保驾护航，同时也守护他人的安全，至关重要。本节安全实操课以校园欺凌的预防及应对为主题，聚焦学生青春期成长中同伴交往的困惑，着力解决学生思想认知的问题，引导学生正视校园欺凌，深刻认识其危害，并积极寻找预防和应对的良方。在整个课程的开发过程中，我对情景模拟感悟深刻，接下来将谈谈如何挖掘贴合学生生活实际的教学素材。

作为本节课的授课老师，我有将近四年的班主任工作经验，了解不少学生的困惑。我深刻地感受到，在初中生心中，朋辈的关系至关重要，可以说摆在了人际关系的第一位。学生重视同学对自己的意见和看法，同学之间的矛盾也成为初中生的主要困扰之一。小到同学之间的玩笑话伤人，大到校园欺凌事件，这些无不折射出学生在同辈交往中遇到的种种问题。本课设计中的情景模拟，灵感来自学生身上发生过的真实德育案例。

言语欺凌案例来源于班级一个学生的经历。这个学生性格内向，乖巧懂事，不善言辞。他初到学校时显得比较拘谨，融入得相对缓慢，但也表现良好。在初一下学期他结交了新朋友，但是这个朋友的行为习惯有所偏差，喜欢钻小空子，体育课、自习课喜欢偷懒耍滑。一来二去，这个学生也被带得偏离了班级的正常轨道。后来有同学开始议论其不当行为，导致这个学生有一段时间对学校非常抵触，不愿意到学校学习。当时这个情况虽还不是校园欺凌，但对这个内向的孩子而言，他难以接受。我将这个学生的故事改编为情境一的素材，旨在引导学生从规范自身言行做起，学会判断，避免跟风，预防校园欺凌。

校外欺凌案例也是根据学生的真实经历改编的。班上一个学生因为男女生情感的问题，与外校学生产生了矛盾。某一天傍晚，外校的学生联系了社会上认识的朋友，在这个同学回家的偏僻的小路上与之发生了一些冲突。从这个案例中我总结出，校外欺凌的发生往往起始于个人的矛盾。从自身的角度，需要树立正确的交友观；从安全的角度，一定要增强安全防范意识，注意回家的途中结伴同行，不宜走偏路暗路。

情境创设要基于真实的生活，关注学生的成长困扰，挖掘其可能遇到的生活问题，这样才能真正贴近学生，帮助其解决成长困惑，助力其成长。

第10课　安全救助之干粉灭火器的使用技能

<table>
<tr><td>课题</td><td>安全救助之干粉灭火器的使用技能</td><td>类型</td><td>安全救助实操课</td><td rowspan="3">教学视频</td></tr>
<tr><td>执教者单位及姓名</td><td>厦门实验中学　张加兴</td><td>适用年级</td><td>高中</td></tr>
<tr><td>指导者单位及姓名</td><td colspan="3">厦门实验中学　邹　标</td></tr>
<tr><td colspan="5">背景分析</td></tr>
<tr><td colspan="5">随着社会发展，学生面临的安全形势越来越复杂，学生的安全教育也显得越来越重要，尤其应该重视增强学生的消防安全意识，提高其自救能力。2007年2月7日，教育部颁发的《中小学公共安全教育指导纲要》中明确指出，高中生要基本掌握在自然灾害中自救的各种技能，学习紧急救护他人的基本技能。
在火灾初期，学生能够正确并熟练地使用干粉灭火器，可以很大程度上减少不必要的生命财产损失。对中学生而言，学习必备的安全自救技能和知识以及养成自救的意识显得尤为重要。</td></tr>
<tr><td colspan="5">技能分析</td></tr>
<tr><td colspan="5">1. 认知技能：掌握关于干粉灭火器的基本知识。
2. 动作技能：掌握操作干粉灭火器的规范动作。</td></tr>
</table>

续表

技能分析

干粉灭火器使用技能分解图示：

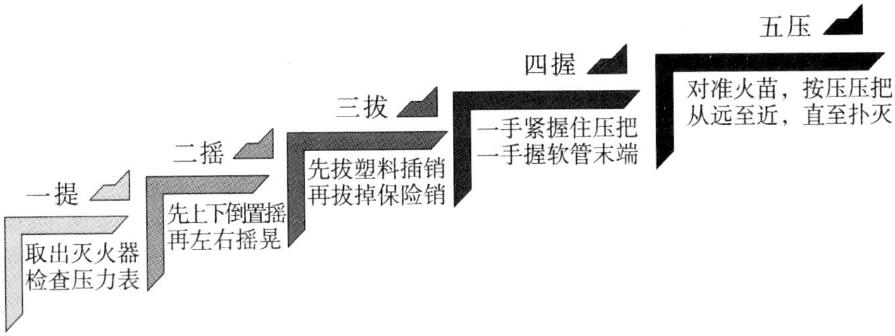

3. 安全意识：具备关于应急灭火的安全意识。

学生分析

1. 高中生普遍较重视学业成绩，而在将来有可能关乎自身及他人安全的知识以及自救技能方面有所欠缺。

2. 高中生日常生活中能接触到灭火器，但操作不够规范，要点不明确。

3. 学生对讲解形式的安全教育课缺乏兴趣，可以通过播放图片和视频、学生自主探究、灭火器实物展示及操练等多种方式促进学生对干粉灭火器使用技能的掌握。

教学目标

1. 通过观看安全事故视频，初步了解掌握灭火器使用技能的重要性。

2. 通过课堂内教学示范及自主探究，掌握干粉灭火器的使用技能。

3. 通过课堂外实操演练，熟练掌握手提式干粉灭火器的操作技能。

教学资源

图片、视频、手提式干粉灭火器、场外模拟火源等。

教学重点

掌握干粉灭火器的使用技能。

教学难点

掌握干粉灭火器的使用技能。

续表

教学流程

	环节线	学生线	活动线	教师线	设计意图
情境设置	创设情境	观看视频并思考	观看视频	播放视频并解说	激发兴趣引起思考
问题任务	提出问题	思考回答分享想法	问题讨论	总结概括点出主题	分析问题培养意识
活动探究	任务设计	观察动手	小组探究	启发引导	知识建构形成体系
交流分享	实操练习	小组练习	场外灭火	指导帮助	亲身体验获得技能
小结点评	师生总结	小组互评	边练边评	点评总结	反馈提升巩固技能

过程设计	学生活动	教师活动	设计意图
（一）新课导入	了解火灾数据统计，观看其中一个真实的火灾案例视频。	播放视频，提出问题： （1）视频中的工人使用这些灭火器的方式对吗？他应该如何做呢？ （2）为什么工人没有使用旁边的干粉灭火器？	通过图片及视频创设真实情境，凸显掌握灭火器使用技能的重要性。

续表

过程设计	学生活动	教师活动	设计意图
（二）正课教学	1. 以小组为单位，观察干粉灭火器并回答问题。	1. 提问，引导学生回顾知识。 （1）干粉灭火器的基本结构有哪些？ （2）干粉灭火器的灭火原理是什么？	通过实物展示、小组讨论，引导学生回顾灭火器的结构名称及原理。
	2. 观看教师规范的技能操作。	2. 提问：如何规范使用干粉灭火器？ 讲解使用干粉灭火器的技能分解动作。	基于学生以往的技能经验，指出不足之处，引出规范动作的讲解。
	动手操作步骤一：提。	演示规范动作一：提。 总结动作要点：提起动作要准确有力，且在使用之前检查指针是否指向压力表的绿色区域。	
	动手操作步骤二：摇。	演示规范动作二：摇。 总结动作要点：上下倒置及左右摇晃灭火器的瓶身，使干粉均匀混合。	将操作技能细化为五个步骤，分别用一个字来概括，便于学生记忆和操作。
	动手操作步骤三：拔。	演示规范动作三：拔。 总结动作要点：先拔掉塑料插销，再拔掉保险销。	
	动手操作步骤四：握。	演示规范动作四：握。	

续表

过程设计	学生活动	教师活动	设计意图
（二）正课教学	动手操作步骤五：压。 3. 保持纪律，有序、快速到达场外模拟火源训练地。 按教师口令操作。	总结动作要点：一手握住压把，一手握住喷嘴（站在上风口3米左右）。 演示规范动作五：压。 总结动作要点：对准火苗根部，下压压把喷射。 3. 将学生按照座位号分成10个小组，组织学生到场外实操演练。 喊口令并点评学生操作情况。 情境设置：风向改变，请剩下的小组立即改变站位进行灭火。5—10组根据实际风向改变站位。 总结问题： （1）未完全灭掉火苗； （2）握压喷嘴的位置不对； （3）未及时辨别风向。 总结：希望本节课能让同学们在以后的生活当中，学会使用灭火器来灭火。	通过场外模拟火源以及分组实操演练，让每个学生都能够更好地掌握技能。 通过设计灭火器使用技能评价表，采用学生互评为主、教师点评为辅的评价方式，对课堂细化的技能的获得情况进行评价，从而促进学生熟练掌握技能。

续表

板书设计	灭火器，我会用 — 组成结构：压力表；保险销；软管及喷嘴；压把 — 工作原理：使用气体作为动力 — 使用技能：检查压力表；摇动瓶身；拔掉插销；握住喷嘴；按压压把

附件：

干粉灭火器的使用技能评价表

项目	提	摇	拔	握	压	
操作要求	①一手握瓶底，一手握压把；(1分) ②检查压力表指针。(1分)	①先上下倒置摇；(1分) ②再左右摇晃。(1分)	①先拔塑料插销；(1分) ②再拔掉保险销。(1分)	①一手紧紧握住压把；(1分) ②一手准确握住软管末端的喷嘴。(1分)	①对准火苗根部，按压压把；(1分) ②左右摆动，直至扑灭。(1分)	总分
学生1						
学生2						
学生3						
学生4						
学生5						
学生6						

续表

项目	提	摇	拔	握	压	总分
操作要求	①一手握瓶底，一手握压把；(1分) ②检查压力表指针。(1分)	①先上下倒置摇；(1分) ②再左右摇晃。(1分)	①先拔塑料插销；(1分) ②再拔掉保险销。(1分)	①一手紧紧握住压把；(1分) ②一手准确握住软管末端的喷嘴。(1分)	①对准火苗根部，按压压把；(1分) ②左右摆动，直至扑灭。(1分)	
学生7						
学生8						
学生9						
学生10						
学生11						
学生12						
学生13						
学生14						
学生15						
学生16						
学生17						
学生18						
学生19						
学生20						
学生21						
学生22						
学生23						
……						

教学反思

学生的安全教育重于泰山，没有安全教育，教育教学无从谈起。如何上好一节有效的、直达学生心灵的、具有示范性的安全教育课是教师在安全教育课教学设计中要着重考虑的问题。总体而言，现阶段学校安全教育课存在“重知识轻技能、重预防轻应对、重逃生轻救护”的现象，没有将重心放在让学生掌握有效的防范和处置安全事故的技能与方法上，比如让学生掌握应对初期火灾的技能。所以本节课的设计着重让学生掌握灭火器的使用技能。

（一）案例导入，激发兴趣，引起思考，直击课题

本节课从一则生活中真实发生的案例导入，在该案例中，工人因不懂得用灭火器来扑灭初期火灾而造成了重大的生命财产损失。案例紧扣本课的主题，教师通过提出核心问题——“为什么工人没有使用旁边的干粉灭火器?”，直接引发学生的思考，同时将灭火器的使用技能类比为自行车的骑行技能，让学生明白本节课的意图是要让技能达到熟练化、自动化的程度。安全实操课不同于以往直接进行知识传授的课，要意识为先，调动有价值的兴趣，所以，设计有效的开始是整节课成功的一半。

（二）温故而知新，实物展示，深入学习新知识

从学生已有的关于灭火器的知识出发，通过实物展示及小组讨论，认识灭火器的一些构造以及相应的原理。要使用灭火器，首先得认识灭火器的重点构造及原理，所以学生分组讨论之后安排教师总结，并着重介绍了压力表的指针指向以及灭火的化学原理，让学生能够迅速地进入下一个环节——操作。

（三）技能动作分解，实操演练学习，强化动作技能获得

如何高效地让学生掌握技能是本节课的核心问题。由此我设计了四种策略：一是将技能提炼为五个核心动作，把复杂的过程变为学生容易记住且好理解的“提、摇、拔、握、压”，让学生的技能有一个固着点。二是讨论技能动作的操作原理，将技能进一步深化，同时教师在课堂上进行演

示，学生通过观察模仿也可以理解并学会技能。三是进行动作的实操演练，这个过程是本节课的核心，通过课堂上对技能步骤的理论学习，再经过课外的实践体验，学生对技能的学习会更进一步。所以，本节课在场外制造一个模拟火源，学生按照口令进行演练，教师在旁边评价及指导学生的动作，使每个步骤都规范操作以及每个火源都被完全扑灭。四是设计评价表评价学生技能的学习情况，一个核心动作为 2 分，教师给学生评分，不是满分的同学要在课外重新训练，保证人人都会。

（四）问题分析，反思归纳，总结点评

本节课也存在一些待改进之处。生活中有各种各样的火灾，也有各种各样的灭火器，学生面对的大多是复杂的火情，仅在一节课的时间内，很难面面俱到地学习，所以本节课针对的是干粉灭火器的使用方法，模拟的是火灾初期的场景，具有一定的局限性。另外，场外实操环节中，模拟的火苗、火灾发生的地点也不够真实，因此，在遭遇真实火灾时，学生能否有效提取本节课所学的灭火器使用知识也存在疑问。

鉴于安全实操课能够保护学生的身心健康成长，也有利于安全校园的构建，有必要设计基于实操的安全学习教育课程体系。在安全教育实操课程的设计与教学实施过程中，既要认真考虑中小学生的学习认知规律与特点，设计符合他们兴趣与成长要求的安全教育课，也要灵活采用更合适的教育模式，让学生获得更具体、更直观的体验，以达到理想的教育效果。

课程故事

本课题组由厦门市各个学段的学校代表组成，经过探索，初步构建了安全教育理论与实操演练相结合的教育课程模式：坚持以“做中学”为指导，不仅要关注学生的安全教育知识学习，更要关注学生的安全技能获得以及安全意识养成。课程开发和实施过程中充满艰辛，也蕴含乐趣。作为课题组的一员，我愿意和大家分享课程开发的故事。

（一）满足学生安全教育需求的课程终究会有生命力

2021年1月22日，应急管理部消防救援局发布了2020年全国火灾及消防救援队伍接处警情况。从火灾的基本情况看，据初步统计，全国共接报火灾25.2万起，死亡1183人，受伤775人，直接财产损失40.09亿元。从火灾的等级看，全年共发生较大火灾65起，发生重大火灾1起。农村地区发生火灾比重偏大，大火概率偏高。居民住宅火灾防范将长期面临严峻挑战。工商文娱场所火灾荷载高，大火时有发生。电气类原因继续影响火灾走势。重要节点、重点时段火灾防控工作有待加强。从应急管理部发布的信息来看，学生将来要面对的火灾形势越来越严峻，不容乐观。学生作为一个特殊群体，安全意识较为薄弱，面对社会生活中各种风险的自我保护能力相对较弱，属于社会重点关心和保护的对象。任何事关学生安全的问题，都会引起社会的广泛关注，因此，消防安全课程只有针对学生实际，从学生自身安全出发，满足学生安全教育的需求，才会有生命力和存在的价值。

（二）低起点、小坡度是课程开发由难变易的技巧

就本节课而言，从课堂观察来看，学生兴致极高，因为通过情境的创设、核心技能的归纳、课外的实操演练，课堂中处处能看到学生深度学习灭火的相关知识与技能。整个活动触动了学生的安全意识，使学生认识到应该学会面对未来生活中可能发生的紧急情况。

课程开发研究时存在一种误区，即认为课程开发就是要开发全新的课程，于是感觉课程开发很难，容易轻易否定自己的能力。其实课程的开发类型有选择现有课程、改编现有课程、开发全新课程三种，这三种类型的课程开发虽有难易之别，但无高下之分。于是，我们选择了现有的学校消防教育的校本教材，成功地从中挖掘出学生消防安全教育的重要一课，以技能学习为主线，重新编排课程内容，形成理论与实践相结合的课程，这属于结合课程开发实际的再创造。低起点、小坡度，是智慧的结晶。

（三）有了课程资源的支持，课程开发的设想才能转化成实际的教育成果

课程从一开始设计到成型，中间经历了很多次的研讨和打磨。在反复设计的过程中，我们一度怀疑自己的课是不是最好最标准的，消防的数据和消防的技能是否专业。在怀疑和思考中，我们意识到专业是标准，标准即示范，学生要有意识地学习规范的动作。实践表明，这是一个明智的决定。在进行原来的课程项目设计时，我们走了不少弯路，最终通过请消防员指导，我们核心的技能操作变得更加规范。由此，我们意识到课程与课程资源的紧密联系，没有课程资源的广泛支持，再美好的课程开发设想都很难转化成实际教育成果。

总之，课程开发是在课题组成员相互倾听、合作、引导、协调中进行的。在实施的过程中，我们看到了学生安全意识的觉醒，但学生安全意识的培养和塑造又远非一朝一夕之事。要引导高中生掌握安全技能及培养安全意识，安全教育课程的开发任重而道远。

第 11 课　安全救助之止血包扎技能

<table>
<tr><td>课题</td><td>安全救助之止血包扎技能</td><td>类型</td><td>安全救助实操课</td><td rowspan="3">教学视频</td></tr>
<tr><td>执教者单位及姓名</td><td>厦门市湖滨中学
陈丽雯　王玉琳</td><td>适用年级</td><td>高中</td></tr>
<tr><td>指导者单位及姓名</td><td colspan="3">厦门市湖滨中学　吴素燕　林　瑛</td></tr>
<tr><td colspan="5">背景分析</td></tr>
<tr><td colspan="5">生命健康是人类社会一切文明进步的前提，但是，各种意外伤害和突发急症威胁着人们的生命健康。提升学生群体的自救能力，对其进行自救与救护培训应得到重视。
2007 年颁布实施的《中华人民共和国突发事件应对法》规定，应当把应急知识教育纳入教学内容，培养学生的安全意识和自救与互救能力。
本课旨在提高学生的认知度和参与性，增强家庭乃至群体的自救意识，最终建立“人人学急救，人人会急救，急救为人人”的全社会急救文化。</td></tr>
<tr><td colspan="5">技能分析</td></tr>
<tr><td colspan="5">救护原则：确认现场环境安全；迅速判断伤患的伤病程度；尽快寻求帮助，拨打急救电话；做好自我防护，采用正确的救护方法。
创伤急救技术要遵循的原则：先复苏后固定，先止血后包扎，先重伤后轻伤，先救治后运输。</td></tr>
</table>

续表

技能分析

绷带环形包扎法：

- 第1步：将伤口用敷料覆盖
- 第2步：绷带卷紧密缠绕肢体
- 第3步：斜出一角压入环形圈内
- 第4步：环形缠绕4—5圈
- 第5步：胶布粘贴或打结固定

三角巾头部包扎法：

- 第1步：将伤口用敷料覆盖
- 第2步：三角巾底边向内翻折约两指宽
- 第3步：底边置于前额，顶角向后覆盖头部
- 第4步：底边在后脑勺处交叉后向前绕回
- 第5步：避开伤口打一个平结
- 第6步：顶角拉紧，掖入头后部交叉处
- 第7步：整理头巾，检验包扎效果

续表

学生分析
认知水平上，高中生在很多方面已接近成年人，观察的目的性、持久性、精细性、自我调控性都远远超过了初中生的发展水平，有意记忆、意义记忆逐渐成为记忆的主导，通过实操学习可以很快掌握所学的技能、技巧。 当前，家庭配备急救用品的情况还不普遍，在户外受伤时如遇救护用品欠缺，还须懂得如何在现场充分就地取材。止血包扎时，要遵循无菌原则，如果现场没有常用的无菌包扎材料，应就地取干净无污染的毛巾、手帕、衣服等材料进行止血包扎。
教学目标
1. 通过案例学习，了解应急救护的重要性，理解应急救护的原则。 2. 通过实操，掌握常用的止血方法：直接压迫止血法。 3. 通过实操，掌握运用绷带和三角巾进行包扎的方法：绷带环形包扎法、三角巾头部包扎法。 4. 提高处理意外伤害与应变急救的能力。
教学重点
学会外伤的应急处理及止血和包扎的基本方法。
教学难点
学会包扎方法并能在日常生活中使用（技能迁移）。
教学资源
实操视频，关键技能动作图解说明，实操所需的敷料、绷带和三角巾等。

续表

教学流程

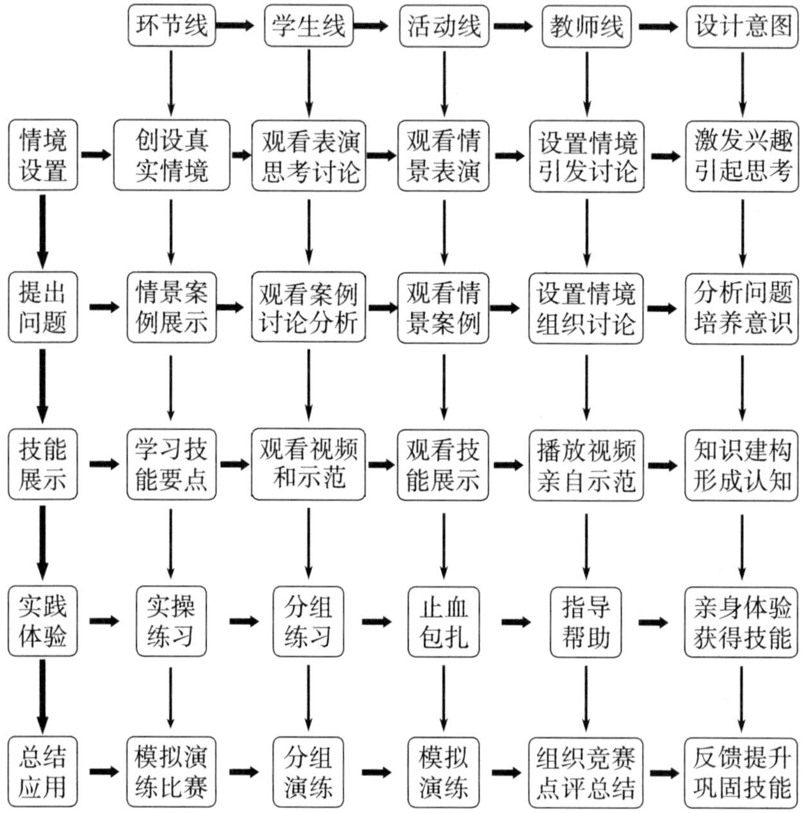

过程设计	学生活动	教师活动	设计意图
（一）案例导入	1. 情景剧表演。 案例1：周六，爸爸妈妈开车载着小丽和弟弟小光去海边玩，途中发生了车祸。小光和小丽被妈妈抱住，只擦破一点皮，妈妈的右肩撞到车门，手臂举不	1. 请学生上台进行情景剧表演。	

续表

过程设计	学生活动	教师活动	设计意图
（一）案例导入	起来，另一只手臂在护住小光的时候被玻璃划了一道口子，血流不止。爸爸的头也在流血，腿被夹住了不能动，但神志清醒…… 2. 讨论分析。 得出结论：爸爸需要止血、头部包扎、搬运；妈妈需要止血、手臂包扎、固定手臂。 3. 分享以前的受伤经历以及处理方式。分享自身感受。 4. 观看课件，认识四项基本技术：止血、包扎、固定、搬运。	2. 提问：如果你是小丽（或小光），这个时候会怎么做？ 小结：在家里或公共场所遭遇突发事件等紧急情况时，现场如果有专业医务人员或者接受过救护培训的人，及时对伤口进行处理和包扎，对伤员予以施救，就显得格外重要。 3. 提问：你是否曾经不小心受伤？伤口得到了怎样的处理？ 小结：伤害就在我们身边。 4. 课件展示四项基本技术。强调创伤急救技术要遵循的原则：先复苏后固定，先止血后包扎，先重伤后轻伤，先救治后运输。 导入新课：今天的课，我们一起探讨与实践——止血与包扎。	引导学生意识到熟悉处理外伤方法的重要性，增强生命意识。

续表

过程设计	学生活动	教师活动	设计意图
（二）止血清创	1. 学习直接压迫止血法。 （1）观看课件展示的案例2：韩明和张磊在操场上打闹，韩明不小心摔倒，手部和头部出血。 （2）讨论分析，提出自己的建议。 （3）观摩教师示范的头部、手部的止血方式：立刻对伤口直接施加压力进行止血，从而获得良好的止血效果。	1. 讲解直接压迫止血法。 （1）展示案例2并提问：碰到这种情形，如果你是张磊，会怎么处理？ （2）总结：同学们说得很好，第一件要做的事情就是止血。 （3）现场示范。 补充说明：因为事情发生在学校，学校里有校医，所以同学们只要先止住血，剩下的可以交给校医处理。可是如果是在家里或者外面受伤了，该怎么办呢？这个时候，光靠对伤口施压的方式来止血可能就不行了，我们还需要清理创口，然后根据需要用绷带或三角巾包扎伤口。	让学生了解常用的止血方法，提高急救能力。

续表

过程设计	学生活动	教师活动	设计意图
（二）止血清创	（4）边讨论边总结如何清洁伤口。 如周围皮肤太脏并混杂有泥土等，应先用清水洗净，再用75%酒精消毒伤口周围的皮肤。消毒伤口周围的皮肤要由内往外，即由伤口边缘开始，逐渐向周围扩大消毒区，这样越靠近伤口处越清洁。伤口要用棉球蘸生理盐水轻轻擦洗。清洁、消毒伤口时，如有大而易取的异物，可酌情取出；深而小又不易取出的异物切勿勉强取出，以免把细菌带入伤口或增加出血。如果有刺入体腔或血管附近的异物，切不可轻率地取出，以免损伤内脏或血管，引起危险。	（4）补充说明：伤口清洁后，可根据情况做不同处理。如系黏膜处小的伤口，可涂上碘伏，也可撒上消炎粉，但是大面积创面不要涂撒上述药物。	

续表

过程设计	学生活动	教师活动	设计意图
（二）止血清创	（5）学习用敷料止血的具体方法，并实际操作一次。 （6）讨论、交流在受伤现场可用于直接压迫的敷料有哪些。 2. 学习其他止血方法。 自行观看图解，了解其他常用的止血方法。	（5）将敷料、绷带和三角巾发给学生，并讲解用敷料止血的具体方法。 用敷料覆盖伤口，用绷带固定伤口和敷料，任何清洁而合适的东西都可以临时作为敷料。如果仍在出血，可以在原有敷料基础上再加块敷料，不要再移动原先那块敷料，以免影响血液凝固。 （6）提问：在受伤现场可以就地取材，可用于直接压迫的敷料有哪些？ 2. 介绍其他止血方法。	
（三）伤口包扎	1. 讨论分享，得出结论：包扎材料有绷带、三角巾、毛巾。	1. 提问：常见的包扎材料有哪些？包扎的目的是什么？ 小结：根据使用工具的不同，包扎可以分为绷带包扎和三角巾包扎。根据受伤的部位不	

续表

过程设计	学生活动	教师活动	设计意图
（三）伤口包扎	2. 学习绷带环形包扎法。 适用范围：多用于手腕部、肢体粗细相近的部位。 （1）观看视频。 （2）认真观摩老师的动作，了解绷带环形包扎的方法。 （3）2人为一组，相互操作练习。	同，可以分为头部包扎、胸部包扎、背部包扎、手足包扎、手臂悬吊等。今天我们先来学习两种最基本的包扎方法，其他包扎方法将在之后的课程中逐一学习。 2. 讲解绷带环形包扎法。 （1）播放视频。 （2）示范讲解绷带环形包扎的方法。 将伤口用敷料覆盖，一手将绷带固定在敷料上，另一手持绷带卷紧密缠绕肢体，将绷带打开一端稍作斜状环绕第一圈，将第一圈斜出一角压入环形圈内，环绕第二圈；环形缠绕4—5圈，每圈盖住前一圈，绷带缠绕范围要超出敷料边缘，最后用胶布粘贴固定，或将绷带尾从中间纵向剪开形成两根布条，布条先打一结，再绕体打结固定。 强调操作要求： ①快：动作要快。	学习包扎方法，培养学生处理意外伤害与应变急救的能力，增强生命意识。操作包扎的过程，有助于培养团队合作的意识。

续表

过程设计	学生活动	教师活动	设计意图
（三）伤口包扎	3. 学习三角巾包扎法（头部帽式）。 适用范围：一般用于头顶部皮肤损伤或骨折的止血包扎。 （1）观看视频。 （2）认真观摩老师的动作，学习三角巾头部包扎的方法。 （3）2人为一组，相互操作练习。	②准：敷料盖准后不要移动。 ③轻：动作要轻，不要碰伤口。 ④牢：包扎要牢靠。 （3）指导，纠错。 3. 讲解三角巾包扎法（头部帽式）。 （1）播放视频。 （2）示范讲解三角巾头部包扎的方法。 ①用敷料压住伤口，并请伤者协助按压止血。 ②将三角巾底边向内翻折约两指宽。 ③将三角巾底边置于伤者的前额，与双眉齐平，顶角向后覆盖头部。 ④将三角巾的底边沿双耳方向向后收紧，在后脑勺处交叉（注意压住三角巾的顶角），然后向前绕回。 ⑤在一侧耳边或额头处打一个平结（注意打结处既要避开伤口，又不能阻挡视线），同时询问伤者松紧程度。	

续表

过程设计	学生活动	教师活动	设计意图
（三）伤口包扎		⑥将顶角拉紧，和三角巾多余部分一起掖入头后部交叉处。 ⑦整理头巾，检验包扎效果，试着用手提拉一下头顶部的三角巾，看是否会松脱。 （3）指导，纠错。	
（四）技能比赛	每组推荐4名学生，分别扮演小丽、小光、爸爸、妈妈。每组的小丽为爸爸进行止血和头部包扎；小光为妈妈进行手臂的止血、包扎和固定。其他学生作为评委，为各组打分并点评。	组织学生分组比赛：同学们已经学习了外伤止血和包扎的处理方法，也进行了操作练习。现在还原课前的情景案例，请每组选出4位同学进行演练，模拟救护过程。	经过学习和操作练习，再还原情景案例，提高学生的应急处理能力。
（五）课后拓展	拓展： （1）为家庭配备一个处理伤口的医药箱。 （2）为家人做一次包扎演示。	小结。	将自救互救技能延伸到家庭、社区。

续表

<table>
<tr><td>板书设计</td><td>安全救助之止血包扎技能
止血　包扎　固定　搬运

一、止血清创
1.常用的止血方法——直接压迫止血法
2.清洁伤口
3.其他常用的止血方法
二、伤口包扎
1.绷带包扎法
　环形包扎
2.三角巾包扎法
　头部帽式</td></tr>
</table>

附件：

止血包扎技能考核表（1）——手臂环形包扎

（设定伤者左前臂有伤口，给予手臂外伤包扎）

被考核人：　　　　　　考核时间：　　　　　　考核人：

考核项目	考核内容	操作要求	分值	得分
手臂环形包扎	评估伤情	检查并报告伤情。	5	
	处理伤口	（1）正确处理伤口。	5	
		（2）无菌原则取敷料。	5	
		（3）敷料选择合适，放置正确。	5	
	包扎过程	（1）从远心端开始向近心端包扎。	10	
		（2）包扎起始时，绷带头端斜形放置，绕第一圈后，将绷带头端折回一角，在绕第二圈时将其压住。	10	
		（3）环形缠绕数圈后，用胶布粘贴固定，或将末端剪为两股打结固定。结应放在肢体的外侧面，忌放在伤口处、骨隆突处或易受压的部位。	10	

续表

考核项目	考核内容	操作要求	分值	得分
手臂环形包扎	包扎过程	（4）绷带包扎压力适中。	10	
		（5）敷料无外露，绷带卷无脱落。	10	
		（6）检查末梢循环。	10	
	规范熟练	（1）程序正确、操作规范、动作熟练。	5	
		（2）注意保护伤者安全，做好自我防护。	5	
	人文关怀	关爱伤者，沟通有效，体现人文关怀。	10	
合计			100	

止血包扎技能考核表（2）——三角巾头部包扎

（设定伤者头部右侧有伤口，给予头部外伤包扎）

被考核人：　　　　　　考核时间：　　　　　　考核人：

考核项目	考核内容	操作要求	分值	得分
三角巾头部包扎	评估伤情	检查并报告伤情。	5	
	处理伤口	（1）正确处理伤口。	5	
		（2）无菌原则取敷料。	5	
		（3）敷料选择合适，放置正确。	5	
	包扎过程	（1）将三角巾底边向内翻折约两指宽。	10	
		（2）三角巾底边放于前额齐眉处。	10	
		(3) 三角巾两底角经两耳上方，拉向枕后。	10	
		（4）底边于枕后交叉，再绕到前额中央或与伤口相反的方向打结固定。	10	
		（5）将三角巾顶角上翻塞入。	10	
		（6）松紧适度，敷料无外露，不包压耳廓，打平结。	10	
	规范熟练	（1）程序正确、操作规范、动作熟练。	5	
		（2）注意保护伤者安全，做好自我防护。	5	
	人文关怀	关爱伤者，沟通有效，体现人文关怀。	10	
合计			100	

教学反思

本次执教《安全救助之止血包扎技能》的课堂效果基本达到预期，有亮点也有不足。现对教学过程进行复盘，反思如下：

（一）亮点

1. 选题适当，兼顾实用性和趣味性。

在心肺复苏、止血与包扎、担架制作与搬运等主题中，选择了止血与包扎作为本课的主题。从救护技能的实用性和应用范围来说，最佳的选择是止血与包扎，但学生最感兴趣的并非这项主题。通过教学设计和教学方法的调整，有效拉近了学生需求与兴趣之间的距离，让学生乐学好学。

2. 删繁就简，保证实操的时间。

结合对教学时长的考量，去掉了样式美观但是学生学习起来比较困难的“8”字形包扎法，同时去掉难度较大而且学生比较抵触的三角巾胸部与腹部包扎法，降低了学习的难度，也避免了学生不愿意相互包扎的尴尬。这样的做法还保证了学生有足够的练习时间，让学生掌握和巩固技能成为可能。

3. 开展竞赛，有效提高学生的积极性。

开展技能竞赛，让每个小组派 4 名学生上台。现场竞赛参与面较广，激发了学生的学习兴趣。竞赛后学生点评，老师补充，让台上台下的学生都能巩固技能，同时精益求精。

4. 关注生情，根据学生的特点开展教学。

高二年级学生的动手能力和听课的互动性较强，他们在高一的时候已经学习过心肺复苏，对于安全实操和应急救护的重要性有充分的认知，对课程的学习有认同感和使命感。因此，不需要花太多时间谈学习救护技能的意义，只要创设好情境，做好示范，给学生足够的时间练习，他们自然会积极参与、主动发言、认真进行实操练习。课堂的学习气氛活跃，经过一节课的学习，学生基本掌握了技术要点，学习效果令人欣喜。

5. 做好示范，本校师生自制技能示范视频。

虽然网上可以找到很多专业的救护技能示范视频，但是我们选择使用本校师生自行录制的示范视频。为了确保示范动作的精准性，也为了取得更好的录制效果，我们邀请了担任过多年救护培训导师的王玉琳老师负责视频主讲和示范。另外还邀请了校红十字会救护队5名优秀的学生参与录制，这5名学生曾经代表湖滨中学参加市红十字生命教育知识竞赛并获得了一等奖，个人形象和救护技能俱佳。录制和剪辑都由本校老师负责，半个多小时的录制，一个小时的剪辑，就完成了一套既专业、规范又符合课堂需要的示范视频，使用效果很好。

6. 现场点评，将学生互评与老师点评相结合。

在救护培训课堂上，一般是学生操作，老师点评打分，然而一节课的时间有限，老师无法对每个学生进行点评。为此，在教学中我们鼓励学生以小组为单位，互相检查、互相点评，评讲优点、指出不足，选出小组实操最优秀的同学参加最后的技能竞赛，而老师则在此过程中巡视、指导，发现学生容易出现的问题，并在竞赛阶段的点评环节中逐一讲解，使每一个学生都能得到契合自己情况的评价，有效掌握技能要点。

（二）不足及改进措施

1. 导入方式。

本课采用情景剧导入的方式。我们设计了一个小短剧让学生表演，通过观看短剧导入止血与包扎的主题。由于上课班级是临时确定的，演短剧的学生也是上课前一天临时找的，表演不太到位，台词听不太清，其他学生要靠老师的旁白才能看懂剧情，这使得一开始的课堂讨论气氛比较沉闷。

改进措施：可以提前让学生拍摄短视频作为教学素材，使教育资源更丰富，教学效果更稳定。

2. 技能巩固。

虽然在教学设计中归纳了技能要点，并设计了口诀帮助学生记忆，但是实际操作的时候，只是草草让学生朗读了一遍，没能充分发挥口诀的作用。时间久了，学生很容易忘记技能要点。

改进措施：可以将口诀进一步精简改良，让学生更容易背诵记忆。在学生动手操作的时候，要求他们一边操作，一边念口诀，将动作记忆与听觉记忆相结合，促进技能的真正掌握。定期复训，在后续课程中增加温故知新的环节，循环记忆，反复实操，让技能变成学生的本能。

课程故事

（一）上一堂实用性与趣味性兼具的课

为了上好这次的公共安全实操课，我们面向本校高二学生开展了一系列的紧急救护主题实操课，内容包括心肺复苏、止血与包扎、担架制作与搬运等。

从救护技能的实用性和应用范围来说，最有机会用到的是止血与包扎；从重要性考量，则首选心肺复苏；用得最少、重要性最低的是担架制作与搬运。然而从喜爱程度与参与度来说，学生对担架制作与搬运最感兴趣，其次是心肺复苏，最后才是止血与包扎。

综合考虑实用性与重要程度，我们选择了止血与包扎作为本课的主题。那么，如何让学生乐学好学就是我们首先要解决的问题。

学生为什么不喜欢止血与包扎这个主题呢？我们认为这与救护活动本身的特点及高中生的心理特点有关。

一方面，止血主要学习和体验外出血的按压止血。按压止血的关键是止血部位、操作方法、按压时间等，体验时学生动作幅度小，容易操作，但同学之间不方便互相练习，只能在自己身上做，缺乏趣味性。

另一方面，包扎主要学习和体验绷带环形包扎、“8”字形包扎及三角巾头部包扎等。环形包扎与“8”字形包扎学生参与的积极性高，包扎质量较好，技能运用价值高；学生，尤其是女生对头部和胸部的三角巾包扎较为抵触，觉得三角巾包在头上既不舒服，也不美观，对于胸部包扎感到难为情，因此都不太感兴趣；至于三角巾的腹部包扎，学生就更不愿意体验了。

问题找到了，接下来要做的就是解决问题。我们在进行教学设计的时候，调整了课程内容和实践方式。

一是在止血这一项实操活动中，仅保留指压止血，并且止血方法以教师示范为主，学生了解就行。学生的止血实操直接融入后面的包扎环节，将无趣的操作融入学生较为感兴趣的环节中，既达成学习目标，又丰富了包扎体验，从而保证实操学习过程的实用性与趣味性。

二是结合对教学时长的考量，去掉了样式美观但是学生学习起来比较费力的“8”字形包扎，同时去掉难度较大且学生比较抵触的三角巾胸部与腹部包扎，多出来的时间用来开展技能竞赛，既能激发学生的学习兴趣，又能现场进行教学评价。

三是改变评价方式。我们鼓励学生在实操练习过程中，以小组为单位，互相检查、互相点评，选出小组实操最优秀的同学参加最后的技能竞赛，而老师则在此过程中巡视、指导，关注学生容易出现的问题。

当完成了上面一系列的思考，这堂课也就有了雏形，当时离第一次开课还剩两周。

（二）示范操作视频的录制

本次的课题成果中，有一项是止血与包扎动作的示范视频。为了获得更好的录制效果，我们不仅邀请了担任过多年救护培训导师的王玉琳老师负责视频主讲及示范，还邀请了校红十字会救护队 5 名优秀的学生参与录制。唯一的问题是，录制时，他们正处在初三学习的关键时期，不光要利用课余时间参加拍摄，还得自己找时间进行训练。然而无论是学生还是他们的家长，都毫不犹豫地点头支持。

有了最好的导师和最强的学员，这次的拍摄异常顺利，讲解和示范都无可挑剔。为了保证录制效果，我们从不同角度、不同距离完整录了三遍，前后半个多小时的时间，就完成了任务。

当摄像师宣布拍摄结束的时候，学生都瞪大了眼睛：“这样就结束啦?”

“是呀！怎么，你们还没过瘾啊?”

“我才刚找到感觉呢！”

“老师，再录一遍吧！多录几遍比较保险啊！”

做自己感兴趣且擅长的事情时，总是意犹未尽呢……成就感满满！

（三）可爱的高二（7）班

这次的课题研究历时近三年，这节课我们也录了两次，一开始我们用的是陈丽雯老师担任班主任的班级。一年之后，课题组又请了专业摄制组来录正式版。此时陈老师的班级已经升上了高三，于是借用了高二（7）班来进行这次录制。

高二（7）班是一个非常可爱、活跃且守规则的班级。

在开课的那天早上，同学们早早地来到心理教室，忙前忙后，主动帮忙搬动桌椅。陈老师和摄制组到达教室的时候，他们已经把现场布置好了。陈老师在换衣间佩戴收音的话筒时，一位女生很贴心地过来帮忙调整位置。女生们还互相检查校服是否穿戴整齐，银铃般的笑声在房间里飘荡，令人心情愉悦。

在拍摄过程中，高二（7）班的男生们改变了我们对男生的刻板印象。他们非常认真地听课，在实操环节，男生们强大的动手能力和细心的观察能力在一包一扎中表现出来。尤其是步骤比较多的三角巾头部包扎，上台示范的男生哪怕双手因为紧张而微微颤抖，还是不忘默念口诀，一丝不苟地把每个关键步骤展示出来。

陈老师事后说起，本次跨年段开课，有幸认识了高二（7）班的同学。在教学结束后，每次经过高二年段或在食堂时，总能时不时地听到这些熟悉又陌生的同学跟她问好。她很高兴，参加这次的课题，收获的不仅是一次愉快而有意义的教学体验，更结识了一群真诚、有趣的孩子。

第 12 课 安全自救之游泳抽筋自救技能

<table>
<tr><td>课题</td><td>安全自救之游泳抽筋自救技能</td><td>类型</td><td>安全自救实操课</td><td rowspan="3">教学视频</td></tr>
<tr><td>执教者单位及姓名</td><td>厦门市大同中学 王 领</td><td>适用年级</td><td>高中</td></tr>
<tr><td>指导者单位及姓名</td><td colspan="3">厦门市大同中学 潘海红</td></tr>
<tr><td colspan="5">背景分析</td></tr>
<tr><td colspan="5">政策背景：2021 年 5 月 24 日，教育部办公厅发布《关于做好预防中小学生溺水事故工作的通知》，旨在增强各学校师生预防淹溺的意识，保障广大中小学生的生命安全。
现实背景：据统计，溺水是世界各地非故意伤害死亡的第三大原因，世界各地每年溺水死亡数约 23.6 万例。儿童、男性以及接触水的机会多的人，溺水的风险最高。这暴露出中小学生的安全教育意识、自我防范意识以及自救技能较为薄弱。
区域背景：厦门的大多数学校配有游泳馆，可以开展游泳教学。此外，厦门是座美丽的海滨城市，厦门人民接触水的机会更多，这同时增加了人们淹溺的风险。
综上，增强预防淹溺的意识，杜绝“蜻蜓点水”式地开展游泳安全自救技能的教学，探究安全自救技能的步骤、核心点，获得处理紧急事故的能力，是切实有效预防中小学生溺水事故的关键。</td></tr>
<tr><td colspan="5">技能分析</td></tr>
<tr><td colspan="5">认知技能：分辨水中抽筋的部位并自救。
实践操作技能：掌握易抽筋部位自救规范动作。</td></tr>
</table>

续表

技能分析

（1）手掌抽筋自救动作核心点图解：

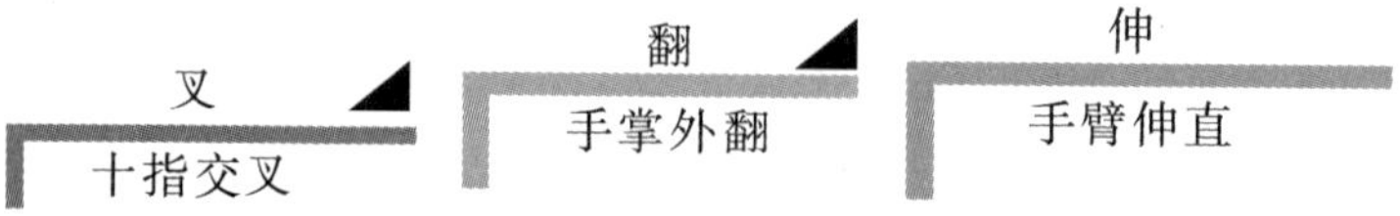

（2）小腿后侧抽筋自救动作核心点图解：

（3）大腿前侧抽筋自救动作核心点图解：

（4）大腿后侧抽筋自救动作核心点图解：

安全意识技能：对已有游泳基础的学生来说，掌握自救技能对水性的要求不高，更应增强预防淹溺的安全意识，懂得敬畏自然。

学生分析

高中生经过游泳课的学习和体育中考的游泳训练，已经有了游泳的技能基础。但对于如何增强预防淹溺的意识，大多数学生未能有针对性地学习；面对水中的突发事故如何自救，学生也未进行系统练习。

综上，增强预防淹溺的意识、学习预防淹溺的知识和水中自救技能非常有必要。

教学目标

1. 基本掌握水中抽筋自救的方法步骤和核心技能点。
2. 通过体验，获得处理意外事故与应变急救的能力。

续表

教学重点

掌握水中抽筋自救的方法步骤和核心技能点。

教学难点

通过水中抽筋自救技能的理论学习，能够在实际情境中切实应用抽筋自救技能。

教学资源

自救关键技能图解、自救技能讲解视频、自救技能考核评价表，游泳池、救生员、泳帽（蓝色和红色各15顶）。

教学流程

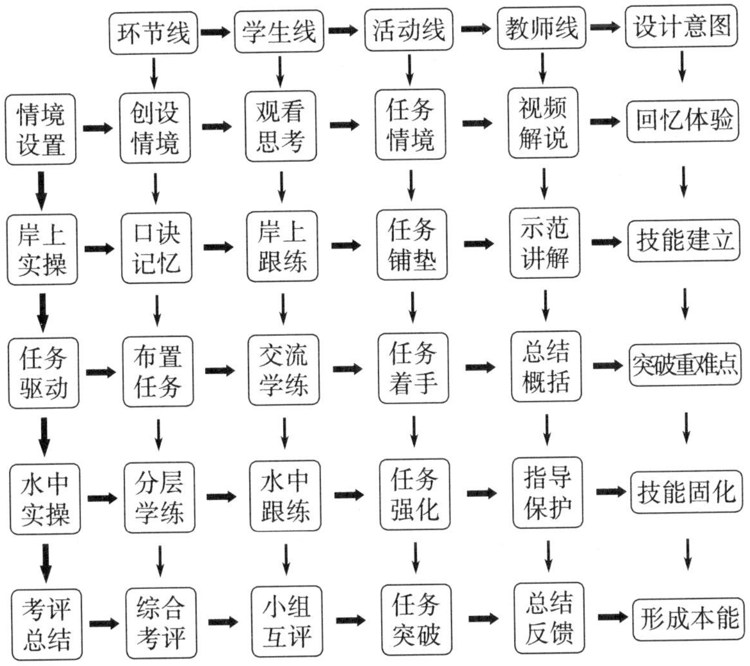

过程设计	学生活动	教师活动	设计意图
（一）新闻导入	观看视频。朗读“预防淹溺六不准”两遍。	播放新闻视频。通过例子引出常见淹溺时段和常见淹溺场所，总结出“预防淹溺六不准”。	通过情境设计，让学生在视觉、听觉和心理上产生共鸣，引入正课。

续表

过程设计	学生活动	教师活动	设计意图
（二）认识淹溺	1. 积极思考，探究发生淹溺的原因： （1）缺乏预防淹溺的意识，对大自然没有敬畏之心。 （2）不会自救，贸然向他人施救。 2. 了解溺死的原因，意识到自救“黄金2分钟”的重要性。	1. 通过新闻案例，引导学生探究发生淹溺的原因，引导学生回忆水中抽筋的体验。总结发生淹溺的原因，强调原因之一：不会自救，错失自救良机。 2. 强调自救“黄金2分钟”的重要性。 原因：2分钟后失去意识，4—6分钟脑死亡。	采用问题式教学，引发学生思考，回忆水中抽筋的体验，总结发生淹溺的原因，引出自救“黄金2分钟”。
（三）岸上实操	1. 积极思考，回答教师提出的问题。 2. 观看教学视频和教学图解，可自主模仿学练。 3. 跟随教师示范，边朗读口诀边自主学练，体会动作的核心点。每个动作做6—8次。	1. 提问：2分钟可以做什么？如何自救？ 2. 播放教学视频和教学图解，引导学生自主模仿学练。 3. 示范、讲解水中抽筋自救技能，引导学生边朗读自救口诀边自主学练，体会动作的核心点。 （1）手掌抽筋。 动作核心点：叉—翻—伸。口诀：一叉二翻三伸展。	通过提问、视频、图解、口诀和示范，在视觉、听觉、触觉等方面同时强化学生对水中抽筋自救技能的感知，让学生初步掌握抽筋自救技能。

续表

过程设计	学生活动	教师活动	设计意图
（三）岸上实操	4. 合作探究，学练的同时总结水中自救技能操作的步骤与方法，形成操作标准。 （1）手掌抽筋：双手十指交叉，掌心外翻，肘关节不要弯曲，双臂向外伸展。 （2）小腿后侧抽筋：一只手向身体内侧扳抽筋腿的脚底，另一只手辅助揉搓捏抽筋部位。 （3）大腿前侧抽筋：抽筋腿屈膝，一只手抓住抽筋腿脚踝，另一只手辅助揉搓捏抽筋部位。 （4）大腿后侧抽筋：一只手向身体内侧扳抽筋腿的脚底，膝关节伸直，另一只手辅助揉搓捏抽筋部位。	（2）小腿后侧抽筋。 动作核心点：扳—揉搓捏。口诀：一扳二捏三揉搓。 （3）大腿前侧抽筋。 动作核心点：屈—抓—揉搓捏。口诀：一屈二抓三揉搓。 （4）大腿后侧抽筋。 动作核心点：扳—伸—揉搓捏。口诀：一扳二伸三揉搓，膝盖伸直是关键。 4. 强调学练的过程也是热身的过程，增强学生预防淹溺的意识，树立自救观念。	通过合作探究，总结口诀，强调动作核心点，让学生内化抽筋自救技能。
（四）水中实操	1. 入水同学注意安全，大胆展示；岸上同学仔细观察，认真模仿学习。	1. 示范练习。 邀请4名岸上实操反应迅速、能准确说出操作标准且动作到位的学生在浅水区入水学练。	通过展示和分层强化学练，关注个体差异，增强不同水平学生的自信心，使学生的学练收益最大化。

续表

过程设计	学生活动	教师活动	设计意图
（四）水中实操	2. 戴蓝色泳帽入水学练的学生为A层，在水中指导其他同学学练。 戴红色泳帽入水的学生为B层，进入浅水区后根据教师要求，在教师和A层同学的指导下安全有序学练。 3. A层同学根据考核表认真评价。 评价机制： 评价分为两部分——岸上实操和水中实操。岸上实操要求既要口述口诀，也要在实操的同时讲解操作标准和动作核心点。水中实操要求在保证身体平衡的情况下，达到操作标准，完成动作核心点。	2. 任务设计，分层学练。 任务：成立“预防淹溺与水中自救技能”指导组，由A层同学指导B层同学，并进行考核。 3. 考核评价。 （1）设置必考项（大腿后侧抽筋，因该部位发生抽筋的频率较高）和抽考项（手掌抽筋、小腿后侧抽筋和大腿前侧抽筋）。 （2）阐述评价机制。 （3）岸上实操各部位均要考核一次；水中实操必考项和抽考项均要在2分钟内完成3次。 （4）根据学生提交的考核结果，从心理和动作技能两方面进行总结与点评。	布置任务，驱动课堂，激发学生学习水中抽筋自救技能的积极性，并学会合作互助。 通过学生互评和教师总结反馈等方式，进一步落实自救技能的掌握，尝试进行由自学到指导他人的技能迁移。
课后延伸	1. 记忆口诀，熟练掌握动作，将口诀中的关键词与自救技能实践一一对应起来，达到面对相关情形能够自动使用技能的目标。 2. 自由组成宣传小组，筹划“预防淹溺与水中抽筋自救技能”线下公益讲座，最终以“策划方案＋展示视频”的形式上交。		

附件：

游泳抽筋自救技能考核表

被考核人： 考核时间： 考核人：

<table>
<tr><th>考核项目</th><th>考核内容</th><th>分值比</th><th>分值</th><th>操作标准</th><th>实际得分</th></tr>
<tr><td>抽筋自救技能理论</td><td>自救口诀</td><td>10%</td><td>10</td><td>手掌抽筋：十指交叉外翻伸展。
小腿后侧抽筋：手扳脚底揉搓捏。
大腿前侧抽筋：屈膝抓踝揉搓捏。
大腿后侧抽筋：一手用力扳脚底，膝盖伸直是关键，一手协同揉搓捏。</td><td></td></tr>
<tr><td rowspan="8">关键技能（岸上实操）</td><td rowspan="2">1. 手掌抽筋（必考）</td><td rowspan="8">20%</td><td rowspan="2">5</td><td rowspan="2">保持身体平衡的前提下，双手十指交叉，掌心外翻，肘关节不要弯曲，双臂向外伸展。</td><td>动作要领：</td></tr>
<tr><td>动作核心点：</td></tr>
<tr><td rowspan="2">2. 小腿后侧抽筋（必考）</td><td rowspan="2">5</td><td rowspan="2">保持身体平衡的前提下，一只手向身体内侧扳抽筋腿的脚底，另一只手辅助揉搓捏抽筋部位。</td><td>动作要领：</td></tr>
<tr><td>动作核心点：</td></tr>
<tr><td rowspan="2">3. 大腿前侧抽筋（必考）</td><td rowspan="2">5</td><td rowspan="2">保持身体平衡的前提下，抽筋腿屈膝，脚后跟尽量靠近臀部，一只手抓住抽筋腿脚踝，另一只手辅助揉搓捏抽筋部位。</td><td>动作要领：</td></tr>
<tr><td>动作核心点：</td></tr>
<tr><td rowspan="2">4. 大腿后侧抽筋（必考）</td><td rowspan="2">5</td><td rowspan="2">保持身体平衡的前提下，一只手向身体内侧扳抽筋腿的脚底，保证膝关节伸直，另一只手辅助揉搓捏抽筋部位。</td><td>动作要领：</td></tr>
<tr><td>动作核心点：</td></tr>
</table>

续表

考核项目	考核内容	分值比	分值	操作标准	实际得分
关键技能（水中实操）	1. 手掌抽筋（抽考）	70%	30	保持身体平衡的前提下，双手十指交叉，掌心外翻，肘关节不要弯曲，双臂向外伸展。	
	2. 小腿后侧抽筋（抽考）		30	保持身体平衡的前提下，一只手向身体内侧扳抽筋腿的脚底，另一只手辅助揉搓捏抽筋部位。	
	3. 大腿前侧抽筋（抽考）		30	保持身体平衡的前提下，抽筋腿屈膝，脚后跟尽量靠近臀部，一只手抓住抽筋腿脚踝，另一只手辅助揉搓捏抽筋部位。	
	4. 大腿后侧抽筋（必考）		40	保持身体平衡的前提下，一只手向身体内侧扳抽筋腿的脚底，保证膝关节伸直，另一只手辅助揉搓捏抽筋部位。	
总分					
考核说明	1. 本表中考核指标共7项，共计100分。				
	2. 等级：总分0—74分为不合格，75—79分为合格，80—89分为良好，90—100分为优秀。				
	3. 加着重号的动词为自救技能动作核心点。				

教学反思

每年夏季，无论是自然水域还是人工水域，都会发生淹溺事故。造成事故的原因之一是学校的安全教育存在薄弱环节，即仅停留在理论教学层面，久而久之导致学生对安全知识学习感到麻木，最终丧失预防淹溺的技能。由此，本节安全实操课重点考虑的问题是：如何把以往的安全教育理论课呈现为一节易被接受的、有效的、具有示范意义的安全教育实操课？最终我们以学生为主体，围绕学生的“学、思、悟、练”，敲定了本节课的设计内容。

（一）创设情境，激发兴趣，回忆体验，导入本课

本节课的导入选择呈现真实的新闻事例，开门见山提出话题，接着通过询问学生的相关体验，唤起学生的回忆，从视觉、听觉、心理等方面把学生的兴趣调动起来，使其快速进入课堂状态，同时直奔教学重点。对于安全教育来说，防大于治，所以首先要帮助学生树立预防淹溺的观念。

（二）理论学习，铺垫着手，岸上实操，深入主题

虽说以往的安全教育仅停留在理论学习层面，但不代表理论学习不重要。如何有效地进行理论学习，也是设计本节课面临的一个挑战。值得一提的是，本节课虽然是安全实操课，但也具有体育课的一些属性，所以在理论学习上，我参考了体育课堂中惯用的理论学习的方法。首先播放慢速的自救技能视频，引导学生在岸上模仿自救技能动作，接着展示口诀，视、听、读、练相结合加深学生记忆。这也符合技能学习的规律，目的是使学生建立自救技能的概念。此环节也为本节课的任务驱动设置进行铺垫。

（三）任务驱动，水中实操，分层学练，强化主题，确立安全实操授课模式

通过情境设置、岸上实操、任务驱动、水中实操、考评总结的流程，遵循动作技能泛化、分化、强化、自动化的习得规律，基于任务驱动式的教学范式进行本节实操课的设计。首先，创设情境使学生产生共鸣，通过问题式教学引发学生思考，回忆水中抽筋的体验，总结发生淹溺的原因，引出自救“黄金2分钟”。同时将学习任务前置，利用任务驱动学生学、思、悟、练。其次，岸上实操和水中实操是本节课的重中之重。通过提问、视频、图解、口诀和示范，强化学生对水中抽筋自救技能的感知，帮助学生初步掌握水中抽筋自救技能。再通过展示和分层强化学练，增强不同水平学生的自信心，使学生的学练收益最大化。最后，科学细化岸上和水中的考核评价内容，通过学生互评和教师总结反馈等考核方式，促使学生进一步掌握自救技能，尝试进行技能迁移，最终形成水中游泳抽筋自救本能。同时任务重提，鼓励学生进行课外拓展，通过学生自主进行公益授课的方式，检验学习成果。

（四）突破重难点，考核评价，总结反馈，提升自救能力

评价是教学进程的重要一环，没有评价的课堂是不完整的课堂。在教学设计的过程中，为使学生对安全知识的理解更深入，进一步增强安全意识，一定要把培养学生的实际操作能力放在首位，让学生通过系统学习和实际操作，切实掌握救护技能，提高自救互救能力。

在考核评价环节，紧紧围绕动作核心点来设计，紧扣教学主题，有意识地让学生关注本节课学练的重难点，加深对本节课的理论知识与技能的深刻理解，掌握水中抽筋的自救步骤和方法，形成本能。

（五）提炼口诀，强化实操动作核心，培养自救互救能力

杜绝安全事故发生的一种行之有效的方法，就是让学生牢记安全要素，及时发现身边的不安全因素，尽可能避免事故的发生。本节实操课将核心动作口诀化，让学生在实操体验中获得处理意外事故和应变急救的能力，能随时发现身边的不安全因素，提醒他人注意安全。

在本节实操课的开发和实施过程中，我受益匪浅。除了能力上的进步，更多的是加深了对生命的尊重。同时我也感受到整个课题组团结的力量，各位领导、同人、专家不遗余力的指导，多次头脑风暴，让我的思维不断创新，虽然其间遇到许多困难，但收获更多！我真心希望自己做的这些事情，能让更多人获益，赋予这节课更多的价值。

课程故事

课程的开发要从一个字说起：缘。它可以概括为三节课的故事。

第一节课：救援——缘起

我与这节实操课实在有缘。大学期间学习的运动伤害事故处理与急救课让我对预防淹溺和水中抽筋自救技能有了初步的了解，另外我还学习了救生员的相关知识，担任大学急救社团的副社长以及代表学校参加上海市大学生急救技能比赛等经历也为自己的实践能力提升奠定了基础。加之我在上海和厦门都参加了红十字会的急救技能培训并且获得了合格证书，是一名名副其实的红十字会急救员。这些经历都表明了我具备开发这节课的能力。

然而，最重要的是这样一个契机：当时作为班主任的我，带领学生参加了厦门蓝天救援队关于预防淹溺的讲座。这和我们课程开发的方向不谋而合。我的指导老师潘海红副校长当即联系到了蓝天救援队水上救援队的队长，请他为我们详细介绍预防淹溺的专业知识。蓝天救援队是参与过救援任务的，他们的知识和建议是最科学、最实用、最有参考价值的。

一切的安排如此顺理成章，让人忍不住说一句：“援”来如此——“缘”来如此！

第二节课：“缘”梦？

在课程开发前期，由于这是件从零开始做起的事，所以单是本节课的名称，我和潘老师就思考了好久。有意思的是，最初设想的名称和最终确定下来的名称大相径庭，这也导致我们对教学目标的确立和教学内容的选择不够明晰。原因在于：第一，蓝天救援队接触的都是自然水域的事故处理，给我们的建议和实例偏向于互救；第二，我个人的理解偏向于预防淹溺，导致潘老师对教学内容的指导也偏了。而且，“水下救人”的话题可讲的太多，从“会不会游泳”到“救人者的自我保护”，甚至到“上岸后的人文关怀”，很难挑出重点。那段时间的讨论，让我和潘老师的关系更近了。一次次的讨论像一场场茶话会，在欢声笑语中，我都忘记了我是来接受任务回去改稿子的了。

随着讨论的深入，我一遍遍修改教学设计和说课稿，“茶话会”也变成了“研讨会”。

“学生分析里要体现学生会什么，目前缺失什么能力。我们学校是有游泳馆的，也开设游泳课，那这些高中的孩子在游泳课上学过自救没有?”

“没有，我们上课的重点是游泳动作技术教学，关于安全问题，更多的是以理论的形式呈现。而且就我个人大学时期的上课经历来说，安全方面的教学大多是互救，例如有人溺水了该怎么入水急救，体现的是一名救生员的角色。自救这方面，几乎没有涉及。”

“那好，这就是我们这节实操示范课的意义！我们这节课的重难点就出来了，难点要放在这种自救能力的迁移上。还有，教学环节的设计意图，前后要有内在逻辑性，要能够衔接起来。我们整个课程的结构要以学生为主体，学生的学、思、悟、练要贯穿始终，最后的考核评价表还要再完善，这是对我们这节课的价值提升，是育人价值的集中体现……”潘老师带着课题组会后的修改意见，专业、严谨且耐心地进行指导，让我在感受到压力的同时，深刻认识到设计好一节实操课的不易。

之后不知道又讨论了多少次，修改了多少遍，教学设计和课件终于基本成形。潘老师要求我一周后出稿，并准备试讲。

为了把课堂更好地呈现出来，我经常在家用电视机充当希沃白板进行模拟教学。但实操课的关键就在于实际操作演练，由于没有学生的参与，我时常无法确定授课节奏是否合理、是否给了学生足够的思考时间，于是家人成了我的学生，同事成了帮助我理清思路的对象……

细化理论讲解，突出实操演练的教学内容再分配，是围绕学生技能学习展开的认知提升。从实操技能分解到实操技能核心动作提炼，再到核心动作用语言准确表达……艰苦的实践探索过程历经了一年多。

时间来到了开课试讲那天，我既兴奋又紧张。兴奋是因为潘老师说这应该是最后一次了，顺利的话就可以敲定稿子，等待录制（后来我才知道这是潘老师激励我的话）。紧张是因为教科院和课题组的其他老师都来听课，这么大的阵仗我还是第一次见。为此，我和潘老师提前两天准备给听课老师们的教案，规划到访路线。德育处的骆惠玲主任、体育组的游文华组长和郑艺力老师帮我搬运希沃白板到游泳馆，刘欣老师和廖晓玲老师帮我到游泳馆张贴标识线，大家通力合作，保证了试讲的顺利进行。课后，我和潘老师都以为这次试讲已经定稿，心想：终于可以“圆梦”了！

试讲结束后，教科院的潘世峰副院长提出了纲领性建议，让我对这节课的认知又提升了一个层级。第一，怎样增强预防淹溺的意识或者说如何树立预防淹溺的观念要再多考虑一下。第二，虽然这是一节安全课，但它同样具备一些体育课的性质，有入水前的热身可能会更好。魏登尖老师从细节层面提出了建设性建议。第一，教学设计要再打磨，内容要再精简，做到言简意赅；背景分析要有数据，要经得起考证，语言表述要规范。第二，演示文稿中的视频是否涉及侵权问题？如果能让学校的老师来拍，效果会更好；图片和新闻视频也要注明出处。第三，自救技能的核心点要概括出来，让学生更易理解和接受。

为了解决这些问题，我和潘老师又重新打磨内容，逐字逐句地修改，不断地推翻前一次的想法，构建新的想法。我期待着圆梦时刻的到来。

第三节课：“缘”梦！

终于定稿了！高中公共安全实操课终于到了准备录制的阶段。就在开机录制的前两天，我们又遇到了新问题。

我们预选好的高二男生，因为要去外地参加社会实践，无法参加录制。我和潘老师商量后，做了一个大胆的决定：选用从未接触过这节实操课的高一新生。这虽是挑战，但更能检验我们这节示范课是否具有普适性。

录制前一天，我把学生召集起来，简单介绍了实操课的特点，交代好录制当天需要自备的游泳装备。

录制当天，我无比忐忑，潘老师和我都做好了要打“持久战”的准备，因为录制涉及我和学生的站位、课堂教学环节间衔接的流畅度等问题，很难一次全都做好。但出乎我们意料的是，每一个环节的要求学生都能达到，尤其是课堂中我和学生的交流问答，无比顺畅。最后的考评环节需要学生作为考官进行互评。令我印象最深的是吴曦同学，考评中他对同学动作技能的掌握情况点评到位，对动作核心点了然于心。学生们优秀的表现，说明这节课确实具有示范意义，具有普适价值。

录制结束后，我长舒一口气。时值中午，天气是那么好，天空是那么蓝，太阳是那么暖，终于能让我说一句——“缘”梦啦！

附　录

厦门市小学低学段公共安全实操课课题研究报告

福建省厦门实验小学　林卫红

一、 研究缘由

其一，国内中小学的安全教育存在重理论、轻实操的现象，大多数学校只重视学生知识的掌握，没有通过现场教学或模拟实操，让学生真正掌握生活中必备的安全技能。虽然一些中小学制定了大量的安全规章制度，但这些规章制度大多流于形式，缺乏操作性，未能真正落到实处，用于指导实践。

其二，近年来我国中小学校安全事件频发，给家庭、社会带来极大的负面影响，也给教育事业的发展造成阻碍。所以，小学的安全教育不能在现有水平上原地踏步，必须学习国外先进的经验，探索适合我国中小学生身心发展特点、可实践、可推广的安全教育发展模式，开发出符合本校、本地区和本市特色以及适合学生个性发展的安全实操课程，为教育事业保驾护航。

其三，低学段学生安全意识较为淡薄，安全教育应从低学段开始重视对学生实操能力的培养和自我保护能力的提高。通过开发易于推广的防踩踏、校园反恐防暴和道路交通安全等实操课，进一步规范流程、动作和行为，切实增强学生安全意识，保障学生安全、健康成长。

二、 研究意义

（一）理论意义

其一，进一步提高小学安全教育的实效性。要注重对安全教育课程的研究，课程提供的内容应与学生个体的“生活经验”相关，让学生直观地了解、掌握安全有效的方式和途径来预防事故的发生，减少事故发生的概率。安全教育应可操作化，落实到日常生活实践中，从而不断提高小学安全教育的实效性。

其二，进一步促进学生安全素养的发展，拓展现有的与安全实操相关的教育资源。在实操中，从学生的主体性出发，重视学生的生活体验，不断修改、完善，形成比较系统的安全实训课程，促使学生学习和运用安全知识，在增强安全意识的同时，树立正确的安全理念，逐步提高安全操作技能以及自我救助、互救和应急的能力，并养成规范行为和安全习惯。

其三，进一步提升教师的综合安全素养。教师在课题研究中，能够根据自己对学校和学生的了解，开发出符合本校、本地区和本市特色以及适合学生个性发展的安全实操课程。在参与实操演练中，进一步养成实践与反思的习惯，从而提高学生实操组织及疏散能力，促进教师综合安全素养的提升。

（二）实际意义

其一，积极改变学校安全教育只重视学生知识的掌握而忽视学生实操能力培养的局面，积极进行在小学低学段开展安全实操一节课的实践研究。

其二，联合社会各方面力量，在小学低学段开发易于推广的防踩踏、反恐防暴安全实操课，进一步规范流程、动作和行为，重视对学生实操能力的培养和自我保护能力的提高，增强学生安全意识，保障学生安全、健康成长，为师生安全夯实基础，也为全市小学开展安全教育实操课程提供典型案例和资源。

三、研究内容

其一，通过访谈，了解新课程背景下学生对安全教育的需求及其原因，更好地指导课题开展。

其二，邀请职能部门，联合社会各方面力量，对全体低学段学生进行实操演练与培训，帮助学生在体验与践行中增强安全意识，掌握方法、技能，养成安全习惯。进一步提高学校组织防灾紧急撤离的能力，增强师生的防灾意识和提高防灾技能。

其三，积极探索小学低学段安全教育活动实施模式，开发适合小学低学段学生实际情况的安全实操课程，使安全教育常态化、科学化、系统化、规范化，促进小学安全教育的有效落地。

其四，在实践中实施和完善防踩踏、反恐防暴安全实操课，设计安全实操的校本课程，整理、建立内容丰富的资源包，形成一套小学低学段安全、规范的实操体系。

重点研究的实操课如下：1. 安全防护之防震防踩踏技能；2. 安全防护之反恐防暴技能；3. 安全自护之交通安全技能。

四、 文献综述

通过查阅大量的资料，进一步了解了国内外有关安全实操教育的做法，更好地指导课题研究。

（一）国外安全教育情况

日本十分重视学校安全教育。学校安全教育在不断推进的过程中，体系逐步完善，特色逐渐鲜明，形成了安全教材校本化和安全演练全员化两大特色；在安全管理上，更加强调主体职责、事故防范和处置化解三项措施。在安全教育目标层面，基于学生发展和学校实际，旨在培养学生的生存能力；在安全教育内容层面，针对不同年龄和学段，围绕生活、交通和灾害等与学生人身安全息息相关的内容展开；在安全教育实施层面，采用以体育保健课为中心开展安全学习、在各学科教学中穿插相关内容、在班级活动和课外活动中进行安全指导等多种方式。在日本，每年的9月1日是“全国防灾日”，当天政府会组织开展诸如防火、防震等多种形式的防灾演习活动，教职工、学生和相关市民均可参与这些活动。

美国中小学安全教育推广时间长、涉及范围广、推行经验丰富，极大地促进了美国青少年安全意识和安全实践活动水平的提高。美国学校非常重视校内安全演习，如消防演习、应对恶劣天气如飓风等的演习、校园枪击案演习等。在美国，影响力最大的是美国红十字会开发的“灾难演习”培训课程，该课程主要针对美国发生频率较高的灾害事故，比如地震、闪电、飓风、洪水、龙卷风、火灾等。“灾难演习”课程致力于向教师和学生传授灾难安全的内容，提高对危险、对人在灾难中脆弱性的认识，掌握灾难和救助的知识与技巧，提高自救和救助他人的能力。该课程传授防灾技巧及提供安全信息，如防火与安全、伤病预防与处理等。

德国创新消防教育方式，除了参观消防队、消防博物馆以及消防宣讲等传统模式外，还开发消防教育资源包，内设各种消防器材模型，定期供学生体验学习，同时将防火教育纳入当地历史课，规定1—3年级每周有4—5小时用于学习消防知识。

从日本、美国、德国等国家的学校安全教育与管理相关经验中可以看出，国外开展安全教育重视课程开发的严谨性和科学性，重视对学生的安全教育与实践，促使学生树立正确的安全理念、掌握安全知识和技能、养成规范行为和安全习惯。

（二）国内安全教育概况

2007年，国家颁布了《中小学公共安全教育指导纲要》，将安全教育上升到国家课程的高度。2017年4月，《国务院办公厅关于加强中小学幼儿园安全风险防控体系建设的意见》出台，指出健全学校安全教育机制是建设校园安全的基础。应着力强化多元参与，构筑安全监管体系；加强安全培训，组建安全教育队伍；完善相关机制，建立事故处置规程，逐步推进我国中小学校安全能力建设与安全风险防控体系建设。我国规定每年3月最后一周的星期一为全国中小学生安全教育日，要求各级学校必须开展对中小学生的安全教育。大部分中小学校开展安全教育的情况良好，但在常态化、系统化、规范化、制度化方面仍显不足，中小学安全教育的师资配备及其专业化程度、学校安全教育监督与评价考核体系等也与新形势下对学校安全教育工作的要求存在一定差距。

五、 研究方法

研究方法有文献研究法、调查研究法、行动研究法、案例分析法。

文献研究法：通过文献搜集、整理与分析，了解国内外小学在安全实操教育方面的特色做法，同时借鉴相关研究成果，初步确定研究的方向。

调查研究法：运用访谈法对当前小学低学段安全教育的情况进行调

查，分析现状和影响因素，同时对教师进行访谈，从教师的角度了解安全实操的具体内容。

行动研究法：运用行动研究法，通过防空、防地震、消防疏散、反恐防暴等演练形式，在自然、真实的教育情境中，培养学生的实操及自救能力，进一步提高学校组织防灾紧急撤离的能力，增强师生的防灾意识，提高防灾技能。

案例分析法：参与研究的学校开发一套典型的安全实操一节课教程，包括教学设计、视频等丰富的资料，用于研究；向全市小学征集安全实操的典型案例，并进行分析、讨论，从而获得结论。

六、研究过程

（一）第一阶段（2020 年 5 月—2020 年 7 月）：前期准备阶段

1. 文献搜集与整理。

通过文献搜集、整理与分析，了解国内外小学在安全实操方面的特色做法，同时借鉴相关研究成果，初步确定研究的方向。

2. 开展教师访谈。

从教师的角度出发，对当前小学低学段安全教育的情况进行调查，分析现状和影响因素，了解安全实操的具体内容。

（二）第二阶段（2020 年 8 月—2022 年 5 月）：实践探索阶段

1. 撰写安全实操一节课的相关素材，建立资源包。
2. 进行安全实操一节课的典型案例征集与优秀案例汇编。
3. 做好安全实操一节课典型案例的规范讲解。
4. 认真拍摄安全实操一节课的视频。

（三）第三阶段（2022 年 6 月—2022 年 11 月）：总结推广阶段

对课题的内容进行分类整理与归档，撰写结题报告。

七、研究结论

课题组全体教师做有心人，从学生实际出发，进一步探寻实操课的教学策略。在实操课上，重在增强学生的安全防范意识，让学生掌握一定的安全防范知识和自救互救技能，并落实到日常生活实践中，学会规避危险，在学习生活中远离安全事故，从而不断提高小学安全教育的实效性。

（一）密切联系生活，激发主动参与

在安全教育中，学生原有的生活经验是安全实操课程最好的教学资源。课题组在课程研究内容的确定上，遵循与学生生活密切相关的原则，特别关注低学段学生的年龄特点，积极选取契合低学段学生特点的安全实操内容进行重点研究，确定具体的研究内容为安全防护之防震防踩踏技能、安全防护之反恐防暴技能、安全自护之交通安全技能。

课题组教师意识到校园属于人员集中场所，小学生又属于特殊群体，正处于智力和心理迅速发展的阶段，对突发事件的认识和应对能力有待提高，一旦发生地震引发踩踏事故等，易造成严重的后果及损失，因而在安全实操过程中重在引导学生如何尽可能地避免地震造成的伤害，以及在逃生过程中如何避免踩踏事故、发生踩踏事故应如何自护自救，帮助学生掌握意外来临时的自救技能。校园本应是学生快乐、安全成长的场所，然而近年来发生的一些校园恐怖袭击事件，让校园的反恐防暴安全教育工作变得越来越重要。教师应紧密结合学情分析，重在指导学生在遭遇危机时如何自救、如何提高对危险的判断能力、如何学会躲避、如何自救与互救，从而让低学段学生更好地了解、掌握反恐防暴的相关技能，做自己的“首席安全官”。

从低学段学生的生活实际出发，在安全实操课程的设计上，引导学生遵守道路交通安全规则，安排“走人行道、过斑马线、安全乘车”三个教学模块，教育学生自觉遵守交通规则，注意道路交通安全。课上，教师还积极引导学生回顾自己的生活经历，借助简单的小问题，如“你平时是怎样来学校的?”“过斑马线时需要注意什么?”，调动低学段学生的生活经验，激发学习热情，碰撞出学习的火花。在教学中可以看到，学生十分乐于分享生活中关于交通信息的点点滴滴，积极性很高。在此基础上，教师积极组织开展道路交通安全学习，使低学段学生逐步形成安全意识，掌握必要的安全行为知识和技能，学习道路交通法的相关内容，了解出行的道路交通安全常识。

（二）创设体验情境，提升安全素养

对于安全实操技能的学习，如果只停留在机械的肌肉记忆，必然不利于学生深入理解和情感渗透，也就难以做到真正内化。课题组教师在具体的实操课上通过创设体验式的教学情境，激发学生的学习兴趣，普及实操的流程与动作。学生在活动过程中能够获得丰富多样的体验，在参与安全实操演练中规范动作，不断提高能力与技能，形成安全行为习惯，提升安全素养。

在《安全自护之道路交通安全技能》这节课中，教师认识到车辆盲区是学生非常容易忽视的危险地带，低学段学生难以从司机的角度意识到车辆盲区的危险性。还有骑电动车要戴安全头盔的规则，很多低学段学生及其家长并没有真正认识到戴安全头盔的重要性。在教学中，教师借助模拟视频，从视觉、听觉等角度给学生直观、震撼的体验，帮助学生通过科学的实验现象，深刻理解为什么不能在盲区附近玩耍、为什么要戴安全头盔。教学中还创设了模拟过斑马线和乘坐地铁的实操环节，学生上台展示过斑马线的活动，这些均符合低学段学生的学习天性。真实体验的安全实操课，帮助学生更好地掌握过斑马线的技巧。两个实操环节都能帮助学生梳理交通安全规则的相关注意事项，建立全方位的安全体系。学生也在模拟的多元情境中巩固所学的技能，同时不断探究，引发思考发现，这不仅有助于学生真正内化遵守交通规则的观念，还能激发学生主动向家长、他人宣传交通安全规则的责任感。

在《安全防护之防震防踩踏技能》这节课中，学生通过观看地震视频，了解地震的危害，观察视频中值得学习的地方和做错的地方，掌握地震来临时的自救方法，建立防震意识，对震灾有所准备，掌握地震来临时和震后撤离的动作，做到临阵不慌，从而让自己少受伤害。同时，通过小组交流讨论，了解更多防震常识，并利用所学知识进行防震演习，学生在学习的过程中体会到“大难来临不能慌，沉着自救免伤亡”，形成积极应对自然灾害的心理品质。在防踩踏技能教学中，先从了解踩踏事故入手，总结发生踩踏事故的原因及踩踏事故中自救自护的方法，通过虚拟情境进行实操演练：当在疏散演练中不慎摔倒时，为避免发生踩踏，应赶紧面向

墙壁，身体蜷缩成球状，双手护颈，手臂护头，保护自己。学生在体验中掌握了方法，能够做到遇到事故时沉着冷静，自救自护。

在《安全防护之校园反恐防暴技能》这节课中，教师主要设计三个教学场景：教室内遇到危险、操场上遇到危险和在校门口遇到歹徒。每一个场景都采用课堂分解训练及课堂实操演练的方式，帮助学生在模拟的教学情境中掌握相关的应对方式及动作要领。如在教室中躲藏的动作要点是蹲在桌子旁边，头不超过桌面，手抓住椅子上的书包背带，眼睛注意观察教室门口方向并保持安静。在教室中防御的动作要点则是要保持安静、警惕。在校门口避险的实操要领是向远离歹徒的方向逃跑躲藏，在不会被歹徒发现的情况下报告老师或报警，说清事件发生的地点和歹徒人数等等。这些生动的教学情境的创设，非常有效地提高了学生安全实操的能力。

（三）联合多方力量，提升实操成效

安全实操教育，是一项讲求科学、需要合规的工作。因此，在安全实操课教学中，课题组充分挖掘有关的教育资源，积极联合多方力量，邀请专业人士到校指导，使得开发的安全实操课程更具专业性、科学性，确保开发的小学低学段安全实操课程最终可以得到有效推广，能对不同地区、不同学校的安全教育工作起到示范与指导的作用。

在课题研究中，课题组邀请了厦门市地震局防震减灾科的专业人士到校指导防地震、防踩踏的实操演练，具体指导地震发生时室内如何躲藏、如何避免被坠落物砸伤、组织撤离室内时要注意哪些事项、如何防止摔倒发生踩踏、如果真的摔倒又如何保护身体重要部位等问题。在此基础上，课题组教师不断优化教学流程，规范动作技能，帮助学生更好地掌握动作要领，达到最佳的演练效果。同时，课题组邀请了厦门市公安局思明分局巡特警反恐大队的警官到校做反恐防暴的指导，主要突破两个教学难点：一是歹徒进入学校后，学生在室外上课时如何及时逃生、如何躲藏，在室内则是针对教室的内开门、外开门应如何更好地处理；二是在校外发生恐怖袭击时，如何自救自护，如何逃生、躲藏。课题组还邀请了思明交警大队嘉莲中队的民警共同参与道路交通安全技能的研讨，警校双方进行了多轮沟通，确立了交通安全实操课的基础框架。尔后，民警向课题组教师提

供了一些数据与宣传教育的视频资源。中队民警和思明宣法大队的民警还一起参与了磨课与研讨，最终形成了安全实操课的教学框架。

在课题研究过程中，课题组还结合校园安全教育，充分利用安全实操课的教育资源，采取联防联动方式，让安全教育取得最大效益。例如，邀请厦门市消防大队将云梯消防车开进校园，开展消防逃生疏散演练。学生在亲身体验云梯高空救援的过程中，更加直观地了解到当高层建筑发生火灾时，自己应该如何镇定等待救援，学习自救和逃生。学生在丰富的教学资源中不断增强安全意识，掌握安全技能，平安的种子也播撒进每一个学生的心田，发芽开花。

八、 研究启示

本课题组在厦门市教育局、厦门市教育科学研究院的领导和专家耐心、细致的指导下，历经三年时间，积极开展了低学段安全实操一节课的研究。研究进一步界定了课题的核心概念：安全实操即学生亲自参与体验与实践的一个具体的安全项目类活动，主要为了帮助学生将安全理论化为实际操练，有效提升学生的自我防护能力。狭义的“一节课”是正常授课的一课时，这里是广义的“一节课”，可以是安全教育的一课时，可以是一次关于安全教育的系列活动，也可以是根据学生的年龄特点，分阶段连续几课时完成的一个安全教育项目。

在课题研究中，课题组教师聚焦“以生为本”的教育理念，从低学段学生的年龄特点出发，以学生为主体，以学生活动为主线，开发易于推广的小学安全实操一节课课程，为保障学生的健康成长做了有益的探索与研究，同时引发了积极的思考。

（一）以生为本，生命至上

马斯洛认为，人的需要可以归纳为五大层次，即生理、安全、社交、尊重和自我实现。在需要的各层次中，安全需要处于较为基础的仅次于生理需要的位置，由此可以看出安全工作的重要性。需要层次理论对学校的安全教育工作具有一定的指导意义。要为学生的生命护航，学校应以生为本，把学生置于安全工作的核心地位，本着“生命至上”的原则，从学生的发展需求出发，从学生已有的安全认知入手，针对学生的生活实际，开发适合小学低学段学生实际需求的具有“真”“实”特点的安全实操课程，积极探索低学段安全教育活动的实施模式，引导学生在理解和掌握知识的同时，掌握安全防范技能，提升自我防护的能力，从而有效破解安全教育的重点与难点，帮助学生树立“安全第一”和“防患于未然”的意识，为学生的生命安全夯实基础。

（二）安全实操，促进发展

最好的安全教育应聚焦“安全”，让学生在操作中掌握安全技能，形成肌肉记忆。在安全教育中，教师要依据中小学安全教育目标，从低学段学生的年龄特点出发，以学生为主体，以学生活动为主线，开发适合小学低学段学生实际需求的安全实操课程，进一步规范安全实操的内容、流程、动作；将本地的教育教学资源与优秀的安全教育活动相结合，加强实践训练，积极营造关爱生命的氛围；把学生掌握的安全教育理论和方法转化为能力，不断增强学生的安全意识，使学生掌握安全防范技能，提高自我救助能力，最终促使学生在理解和掌握知识的同时，获得能力的升华，为学校的发展创设稳定、和谐的环境。

厦门市小学高学段公共安全实操课课题研究报告

厦门市梧村小学　徐晨来

一、研究缘由

2001年颁布的《基础教育课程改革纲要（试行）》明确提出，“实行国家、地方、学校三级课程管理”。因此，随着三级课程管理政策的出台，学校在课程开发中的决策权逐渐增大。如何更好地利用自身权利进行校本课程开发，发挥校本课程对学生身心发展和学校发展的积极作用是一个值得研究的问题。安全事故对小学生的危害极大，调查显示，安全事故已经成为14岁以下儿童的“第一大杀手”。那么多幼小而鲜活的生命还没来得及感受生命的美好便离开了人世，不免令人痛心疾首。另外，由于小学生年龄较小，身体各方面机能尚未发育成熟，自我保护的意识相对较差，对各种安全事故的应急处理能力也较弱，各种安全事故对于小学生的潜在危害更大，同时小学生的模仿能力和可塑性较强，小学阶段是培养安全意识和良好的安全习惯以及学习防灾技能的关键期，所以，必须加强对小学生的安全教育，保障小学生的健康成长。然而，由于受到多方面因素的影响，目前的小学安全教育效果并不理想，学生受到伤害的事件时有发生。因此，抓住安全教育的关键期，把安全教育纳入小学校本课程开发活动中，对于保护小学生的生命安全显得尤为重要。

根据国内外对生命安全教育现状的调查研究，俄罗斯作为最早注重中小学安全教育并付诸实践的国家之一，目前已形成了较为完善的中小学安全教育体系。法国、日本、英国和美国的小学安全教育及措施有其独特的实施机制及方法，具体表现在以下三方面：

第一，小学要和家长、社区、警方、教育部门等形成联动机制，并使之常态化、制度化。这样的联动机制可以使小学得到更多的安全信息，从多方面保护小学生的安全。

第二，小学要有常驻的安保人员。

第三，在日常教学中，教师必须对学生进行安全教育。

总之，生命安全教育在外国很早就得到重视，并且有独特的教育体制和实施措施，以此来避免各种意外事故，保护学生的安全，将伤亡降到最低，让学生学会安全学习与生活。国内学者普遍意识到了生命安全教育在学校中的重要性，对安全教育及逃生技能教育的研究相对较多，但是在学生身心安全及生活安全方面研究的相对较少，对具体的生命安全教育内容的研究以及实施尚处在较浅的层面上，没有明确的内容及体制。这是我国学校生命安全教育的缺失，可能会因为没有较为专业的知识和技能储备而使学生在学校或校外发生意外事故。

当下我国对生命安全教育内容的研究有着重要的意义，可以通过借鉴外国生命安全教育的体制和政策，完善我国的生命安全教育。

二、 研究价值

（一）理论价值

有利于总结厦门市小学安全实操一节课建设（高学段版）的开发原则和实施策略（途径和方法）；有利于提出具体可行的保障措施，为不断拓宽安全教育提供理论和实践经验。

（二）实践价值

本课题拟通过研究适合小学高学段的安全实操技能，开发易于推广的小学安全实操一节课课程；增强学生的安全意识，使学生掌握有效、适用的安全防范技能，提高自我救助能力，形成终身记忆。

三、 研究过程

（一）筹备阶段

采用文献研究法，全面掌握国内外与本课题有关的信息动态，充分认识研究现状，调整研究方向，调控研究进程，确保研究的时代性、前瞻性、科学性和创新性。结合调查研究法，全面了解厦门市中小学安全实操一节课建设的现状及成因，为中小学安全实操一体化安全目标和内容体系的构建、途径与方法的选择、保障措施的制定提供现实依据。

具体工作内容：

1. 广泛搜集资料，分析与本课题相关的研究现状及成果，根据厦门市实际，初步拟定研究方案。

2. 召开课题研究筹备会，咨询专家意见，确定课题研究方案。

3. 成立小学高学段课题组，下设课题协调组、理论提升项目组和实践项目组。课题协调组负责课题协调组织工作、各项事务性工作等，理论提升项目组负责制定课题研究方案，实践项目组研究开发小学高学段安全实操一节课课程。

4. 汇编学习资料，组织课题组成员进行学习和研讨。

（二）实施阶段

本阶段采用经验总结法，将厦门市中小学安全实操一节课建设过程中的有益尝试和已有成果进行归纳分析，使之系统化、理论化，最终提炼为三个方向的典型案例并实践检验。具体通过行动研究法将本课题研究的理论成果付诸实践，并在实践中不断检验、修正本课题的研究成果。

具体工作内容：

1. 举行开题论证会议，聘请有关专家对课题设计进行论证，进一步完善课题研究方案。

2. 通过问卷调查、座谈和访谈，对厦门市中小学安全实操一节课建设的现状及成因进行科学的分析，并提出相应的对策。

3. 选择三所小学作为代表学校，开展试点工作。

（三）总结梳理阶段

经过课题组核心成员观摩课堂、策略提炼、经验总结等的循环推进，本阶段主要完成了以下工作内容：

1. 不断提升三个典型案例的质量，聚焦问题，做好课堂实施的引导，撰写教学反思和课程故事。

2. 搜集、整理研究资料，对课题研究的成果进行总结、梳理，完成小学高学段项目结题工作，提炼课题研究成果。撰写结题报告，召开结题鉴定会议，推广课题研究成果。

3. 聚焦重点研究项目——安全自救之轻度拉伤处理技能及正确的搬运

姿势、安全自救之轻度擦伤或割伤处理技能、安全自护之防网络诈骗技能，实施中凸显厦门的地域代表性和创意表达。

四、研究结论

（一）小学高学段公共安全实操课的开发原则

1. 课程目标设置——精准化原则。

小学高学段安全实操一节课是在校学生要共同学习的综合体系，因此目标的设置要符合课程规范。只有系统分析学习者的需求、安全学习的内容、学校资源的优势，在课程标准的指导下，设置的课程目标、课程内容和教学要求才能够契合本课题的研究实际。因此，课程目标设置应该秉持“下限思维”，即课程目标要面对全体学生，必须把握好难易程度，切不可设置得过高或过低，目标应是学生通过努力可以摸得到、够得着的，如此才能适应评价的导向作用。此外，目标需要具体行为动词描述，可以采用布鲁姆提出的认知领域的教学目标分类方式，从知道、领会、运用、分析、综合和评价六个层次，呈现层次性的课程目标，以助于明确评价方式并满足师生自我评估的要求。以课程目标为核心指导，结合安全事件内容精细化设置目标，才能够合理地制定出有利于课程实施、引导学生成长的精准目标，让学生能够带着明确的目的在安全课上开展有意义的探究活动。推进课程目标设计的科学化和精准化，更有利于教学质量与教学效果的提升。

2. 课程内容策划——结构化原则。

小学高学段安全课程的内容，往往是小学课程内容的延伸和拓展，因此，更需要建立新的结构化内容体系，确保课程内容的科学性和系统性。课程设计者必须结合学生的认知规律和发展阶段，将课程内容按照一定的纽带进行排序和归类，使孤立的、无序的内容变成具有一定逻辑关系且相互联系的整体。结构化策划课程内容主要采用以下几种方法：一是基于知识联结的结构化方法，设计者寻找知识之间的相互关系、存在的逻辑关联，或研究对象存在的交叉与重叠，把分散的知识通过某种要素进行结构化编排；二是基于认识路径的结构化方法，对于一些跨度较大的知识和内容，可以从认识路径、研究方法或应用场景的角度，寻找内在联系，明确分类标准，使之成为有机联系的结构化课程内容。就如布鲁纳所认为的："获得的知识，如果没有完整的结构把它连在一起，那是一种多半会被遗忘的知识。"当学习以结构化的方式展开时，学生可以迅速地理解所学知识的意义及其来龙去脉，随着学习的积累，学生会逐渐加深对概念的理解，从而形成自身知识的结构，也能在今后应用时快速地检索、提取。只有科学研究课程内容的结构化，才能成为新知识的生长点，这也是培养和发展学生学科核心素养的有效途径。

3. 课程过程设计——活动化原则。

对中小学而言，如果学生群体学习离开活动，知识体系的建构就会失去实践根基。在这样的情形下，安全课程的活动化设计具有重要的现实意义。活动化设计指的是基于泰勒的课程理念，从培育核心素养的视角出发，从活动目标、活动内容、活动实施和活动评价四方面入手，着力解决当下活动的不可控性、无意识化等问题，进而达到提升活动育人价值的目的。在具体课程中，以活动作为安全学习的载体或中介，按一定的线索或主题，将课程需要达成的安全知识、安全技能、安全态度、安全精神等都镶嵌于活动中，真正实现外部实践活动和内部学习建构活动的统一。活动化课程设计的步骤有三项：其一，把课程处理成序列化的主题模块，使课程过程组织具有模块化、活动化的结构和特点；其二，把活动化的模块课程和真实生活情境链接，使活动具体内容与实践经历产生有效互动；其三，采用多种视角建构课程活动过程，依次设计引导学生主动参与、主动体验、协助生成、辩论和反思等有目的的行动。通过活动促进外在学习环境和客观事物耦合与主观能动群体之间的交互通感过程，实现学习环境信息化传导，实现个人知识的积累与发展。

4. 课程环境搭建——沉浸式原则。

研究表明：儿童的学习过程是通过与环境的积极互动，在头脑中构建形成结构或概念。具身认知理论指出：具身学习环境是指一种心智嵌入大脑、大脑嵌入身体、身体嵌入环境的多重嵌套型学习环境。为了让学习环境更好地辅助课程教学，设计者在搭建安全课程环境时需要根据不同情况采取不同策略，例如尽可能创设增强型研学环境，强调与主题相关的环境，弱化无关环境，使学生能够聚焦学习目标和内容，更好地促进身体与环境的交互，进而提高学习效率。又如根据教学需求采用模型或模拟替代环境来表达所需的学习环境，或者创设替代性学习环境作为必要补充。以具身学习理论为指导搭建安全课程学习环境，能让体验性学习实现深度回归，学生愿意积极主动地参与并沉浸到学习活动之中，在安全课程中获得学习的最佳体验和最大收获，大幅提高学习效果。

5. 课程评价实施——形成性原则。

评价系统科学、合理，评价实施才能准确、有效。课程目标作为教育教学的实践方向，是教师制定课程评价系统的唯一依据。学生作为学习的主体，他们的学习过程更应是评价关注的重点。将课程评价融入学习过程中，让评价成为教学进行中的一部分，才能实现教、学、评三位一体的目标。认识形成性评价的作用，立足学生的个性发展和全面发展，构建科学的评价指标体系，建立健全学习评价反馈机制，以此促进评价内涵发展。在学习过程中，创设科学的评价方式，及时收集学生的学习报告、体验感悟、自评表、同伴互评表等，才能为教师开展形成性评价提供多维度、客观的评价依据。把评价机制渗透到学习活动前、中、后各个阶段，利用收集到的信息引导学生反思，肯定学习收获，正视不足，不断改进学习方法，提高学习水平，发挥形成性评价的系统作用。

（二）小学高学段公共安全实操课的实施策略

1. 坚持从“学生为中心”的角度服务和促进学习。

鉴于安全教育能够保护中小学生身心健康成长，也有利于中小学安全校园的构建，有必要设计科学的、规范的中小学安全教育课程体系。在中小学安全教育课程设计与教学实施过程中，既要认真考虑中小学生的学习认知规律与特点，设计符合他们兴趣与成长要求的安全教育课程，也要灵活采用合适的教育模式，让学生获得更具体、更直观的安全教育体验，取得更为理想的安全教育效果，更要紧跟时代，将信息教育方式和手段融入安全教育课程中，利用信息科技推动中小学安全教育发展。

2. 积极发挥信息技术对安全实践操作的内化和迁移作用。

随着信息科技的发展，中小学安全教育课程设计也应主动融入信息教育方式与手段，让安全教育体现出时代特色，取得更好的效果。在中小学安全课程设计与实施中，信息化教学手段的应用是必然趋势。与以图文展示为主的课堂安全教育方式相比，基于信息科技的多媒体教学手段毫无疑问可以展示更多元、更丰富的安全教育内容，给予学生更真实的安全教育体验。以中小学生的防震安全演练为例，地震来临时的紧张气氛是教师难以用文字和图片表达出来的，若采用信息化教学手段，则可以生动地模拟出地震的场景。教师既可以用网络诈骗的故事开展教育，让学生熟悉诈骗分子的骗取套路和行为动作，也可以通过播放一些现实中中小学生处理扭伤和擦伤的对比视频，让学生懂得自己在生活中应该如何应对。中小学生安全教育的内容比较多，课堂中能够开展的安全教育是有限的，其他的安全教育则可以采用信息化教学手段，以让学生观看安全教育短视频的方式来完成。学校可将安全教育课程内容制作成短视频，要求家长带着学生一起观看，学习安全知识。

3. **课程实施坚持趣味性和科学性相结合。**

不同年龄阶段的学生的思维和行为特征不一样，安全教育课程内容设计以及具体的安全教育方式需要契合学生的年龄认知特点，如此可达到较为理想的安全教育效果。中小学安全教育课程内容设计应与中小学生的现实生活有具体且密切的关联，如此可以引发他们的学习兴趣，达到预期的安全教育效果。即使是小学高学段学生，课外安全教育也非常重要，这一年龄段的小学生喜欢玩游戏，同时又缺乏必要的安全意识，如喜欢在学校楼道里追逐嬉戏，易忽视碰撞、滑倒、摔倒等风险。在安全教育课程中，可适度渗透此方面的安全教育内容，引导其注意游戏安全，尽量规避一些危险性较大的游戏行为和游戏动作，更好地保护自身安全。

厦门市初中学段公共安全实操课课题研究报告

厦门五缘实验学校 李志东

一、 研究缘由

学生的生命安全和健康成长，关乎亿万家庭的幸福和正常教育教学活动的开展和实施。保障他们的安全，是构建社会主义和谐社会的重要基础，是家庭和教育工作的首要职责，也是全社会的共同责任。《教育部关于加强大中小学国家安全教育的实施意见》中明确提出："改进国家安全教育教学活动。各地教育行政部门和学校要积极发挥课堂教学主渠道作用，改进教育教学方式方法，组织国家安全教育公开课，运用'两微一端'等新媒体手段，结合政治、德育、历史、语文等相关学科内容强化国家安全教育。依托少先队、共青团、学生党支部、学生会、学生社团等组织，开展知识竞赛、演讲比赛、文艺表演、社会实践等形式多样的国家安全教育主题活动。规范学生成人仪式宣誓词，增加维护国家安全方面内容。充分利用全民国家安全教育日、《国家安全法》颁布实施等重要时间节点，组织面向大中小学生的系列特色教育活动，确保总体国家安全观入脑入心。"

当前，一些学校的安全教育往往偏重空泛说教，学生的安全知识掌握得很好，面临突发事件时却手足无措，有时甚至小祸酿成大灾。同时，初中生的逻辑思维能力有了较大发展，进入了青春叛逆期。初中生安全教育的切入点和目标、内容、课程设计相比小学时期，应该有明显的不同。

综上，我们拟将理论与实践深度结合，设计符合初中生身心、思维特点的安全教育课程，通过现场教学和实操演练，让学生在动手体验的同时掌握各类安全知识技能，增强应急事件处理能力，促成强实效性的安全教育。

二、 文献综述

（一）国外对本课题的研究

美国的全美教育协会（NEA）制定了专门的安全教育执行标准，各州政府给予学校专项资金支持。学校和其他社会组织的联系，使学校能经常进行紧急疏散、预防暴力或恐怖袭击等演练。学校每个月都安排各种内容的安全演习，训练学生预测、判断危险和求生的能力及应对歹徒入侵等紧急情况的反应能力。针对近来多发的学校枪击案件，很多学校还特意组织了逼真的防范枪击演习。同时，安全教育不仅停留在特殊演习和教育上，更渗透在学生的日常生活中。另外，还通过加强对学校师生的安全教育与宣传，提高师生在遭遇危险时的应对意识和技能。美国学校安全教育的总体特点是资金充裕、设备齐全，安全实操中体验式项目多。

日本针对不同年龄段开发不同的安全课程，由各级教育委员会编写《危机管理和应对手册》《防灾教育指导资料》等教材，规定实践训练的内容。开展课程中，地区的安全机构和教育机构联合举办安全教育活动，比如当地警察系统、消防系统及专业技术服务机构等会对师生进行有针对性的安全教育培训。同时，将学生安全意识养成与家庭教育紧密结合起来，将家长纳入校园安全培训中，形成社会、学校、家庭一体的全方位安全培训机制。日本学校安全教育的总体特点是有完善的体系和专业化培训，安全教育技能类项目多、模拟类课程丰富。

俄罗斯教育部提出了生命安全基础课程，培养学生认识和评价生活环境中危险和有害因素的基本知识和技能，明确防御的方法，以及在出现危险的情况下消除不良后果和进行自救与互救的方法。为了更好地实施这门课程，有的地方建立了“生存岛”，在这个教学实践场地，学生可以进行许多实际作业。

法国在20世纪50年代就以法律形式规定学校有义务对儿童进行交通安全教育，每月要有半小时的交通安全教育课、一个半小时的交通安全技术训练，前者由地理教师、历史教师任教，后者由体育教师任教。近年来，法国交通安全协会在全国建立了390个交通公园，用于指导学生驾驶自行车、摩托车等。

综上，国外的安全实操课程起步较早、较为成熟，安全技能和体验式项目可以为课题研究提供思路。

（二）国内对本课题的研究

国内关于安全教育的研究主要集中在和其他学科的融合中，比如体育健康中的安全教育、理科实验安全研究、理科教学中的安全教育渗透及基于校园的安全管理体系研究。学科融合安全教育的研究较为零散，单独课例较多，没有形成系统研究或者开发校本安全课程。

目前，学校安全教育基本是安全知识普及，常态化的安全教育平台开发较为成熟，但也是以安全知识为主，学生大多缺乏使用的兴致，仅以完成任务的心态登录平台迅速完成。

2019 年发布的《中共中央 国务院关于深化教育教学改革全面提高义务教育质量的意见》强调突出德育实效，实践育人，打造中小学生社会实践大课堂，尤其重新提出了劳动教育的重要性。学校教育逐步走出课堂传统模式，目前正是研究安全教育实操课的好时机。

（三）文献评述

根据搜集到的相关资料，对本课题的研究现状与水平简单陈述如下：

文献查阅情况：2020 年 8 月 24 日在中国知网搜索主题“学校”+“安全教育”，得到 5037 条记录；搜索主题“学校”+“安全实操”，得到 16 条记录；2020 年 8 月 24 日在厦门市图书馆官网搜索主题“学校安全教育”，得到 2889 条记录，搜索主题“学校安全实操”，得到 25 条记录。

由此说明，有关安全教育的研究内容较多，对于安全实操的研究较少或研究的聚焦性不够。对于初中学段安全实操课程开发几乎没有专门的研究，或是研究安全教育而附带提到实操演练的内容，或是侧重管理研究而忽视了课程实施和实施效果，文献大多只注重理论性研究，缺乏具有可操作性、针对性的具体措施。由于安全教育实操课程开发可借鉴的研究文献不多，厦门市初中各学校的安全实操处于自发摸索阶段，结合本地区的安全实操现状进行统筹性的课程开发和研究是本课题的主要研究路径。

关于研究主题及视角，有关校园安全实操问题的研究文献中体现的主要是“学校安全教育管理”“学校安全隐患排查与对策”“青少年人身安全现状”“学科教学中的安全渗透”等。学校安全教育属于学校教育的实践课程，可以发现，以“安全实操课程开发”为主题进行研究的成熟案例几乎没有。当前研究者多从学校管理者角度进行制度研究，或者从部门、学科教师角度研究安全教育渗透，视角普遍是从上到下的、以“管理”和“教”为主的，从学生“学”“亲身经历”的角度出发的较少。安全课程开发研究多是针对一个小点进行的零散研究，从学校角度出发的课程体系研究也很少。

综上，就校园安全教育研究的视角而言，学界的研究主要以安全教育学和安全管理学为主要方向，大多体现教育学与管理学的理论内容，而对于教育的对象、管理的主体则研究不多，或者将其混为一谈，这就导致了校园安全教育中一味强调安全管理、学校以管代教的现状。因此，在对厦门市初中学校调研、访谈的基础上，本研究提出了安全实操课程开发的研究定位。

三、 研究意义

学校安全教育是一项涉及学生、学校、家庭、社会等主体的学习过程，其内容不仅包括安全知识，还包括学生在面对突发情况时的实际操作技能。为做好初中安全实操课程开发工作，以厦门市初中师生为调研对象，通过问卷调查、访谈和实地考察，对厦门市初中学校安全实操课实施现状进行分析，进而提出对策，为当前的学校安全教育工作提供参考。

（一）理论意义

一系列的实操演练，能让中学生从中体会和领悟所学的安全教育理论的真谛，深化对理论知识的认同，从而获得更为全面、具体、丰富且生动的安全知识。新的实践及在演练中遇到的新问题又可以促使教师进一步反思安全理论教育中存在的某些不足，并设法修正、改进和完善。这个过程正是“实践—理论—实践”的马克思主义认识论在安全教育中的体现。安全教育的理论知识与实操演练的综合作用，可以促使中学生对安全知识不断进行“知”与“行”的转换与升华，使安全理念内融于心而外显于行，最终实现知行合一。

（二）实践价值

1. 开发在厦门地区可推广的初中安全教育实操系列课程。

2. 促进初中生掌握实用的安全技能，提升初中生日常防范安全隐患、应对安全事故和灾难的能力。

3. 经过学生带动，提高家庭、社区的安全意识和安全应对能力。

四、 研究设计

（一）研究目标

本研究针对学校在安全实践、安全课程、安全教育实施方面的一些不足，提出以安全教育的建构主义和安全教育对象实际安全素养的提升为目标来建立新的分析框架，并将其运用于对厦门市实证资料的分析中，从而进一步探讨厦门市中学安全实操教育的现状、问题、原因。在定量研究的基础上，审视厦门市初中学校在安全教育方面的研究进展，并提出一些建议。

1. 形成一套初中学校公共安全实操课程体系。

2. 研发一套适合初中生的公共安全实操课程资源包。

3. 总结开展初中生公共安全实操教育行之有效的方法，提升学校的公共安全实操教育工作机制，夯实学校发展的基础。

（二）研究内容

本研究以提升学生安全素养为目标，主要以安全教育的建构主义为理论分析视角，以学生安全素养为研究主体，充分开发政府、职能部门、家庭等社会资源为学校安全实操服务，以社会现阶段的各类潜在危机或安全事故作为课程开发的背景，通过教育评价的转变，分析学生这一安全教育主体的安全技能和安全素养，从被管理者的客体角度分析学生的安全行为，然后将安全教育设计成具体的安全实操课程，提升中学生安全教育的实效性。按照“选点调研—现状分析—查找原因—提供建议—设计课程—提供案例”的开发性思路来研究本课题。

本研究分析厦门市实地调研的资料，结合国内中学安全教育的研究成果，以教育建构主义为理论分析视角，结合学科核心素养提出的安全素养概念，对厦门市中学的安全教育现状进行一种“学”角度的审视和评价，从而进行系统化的课程开发和设计，再进行实践，形成可供借鉴和推广的成熟课例，最终形成厦门地区各初中基本可以直接实施的系列化课程。

（三）研究方法

本课题主要采用文献研究、调查研究、个案研究及行动研究等方法。

文献研究法：通过文献研究，全面掌握国内外与本课题有关的信息动态，充分认识研究现状，调整研究方向，调控研究进程，确保研究的时代性、前瞻性、科学性和创新性。

调查研究法：通过调查研究，全面了解厦门市初中公共安全实操课建设的现状及其成因，为中小学安全实操一体化目标和内容体系的构建、途径与方法选择、保障措施的制定提供现实依据。

个案研究法：将厦门市初中公共安全实操课建设过程中的有益尝试和已有成果进行归纳分析，使之系统化、理论化，最终提炼为典型经验。

行动研究法：通过行动研究法，将本课题研究的理论成果付诸实践，并在实践中不断检验、修正。

五、 研究过程

时间安排	研究内容	参加者及分工安排	研究成果形式
（一）准备阶段	1. 广泛搜集资料，分析本课题的研究现状及成果，拟定初步研究方案。 2. 召开课题研究筹备会，咨询专家意见，确定课题研究方案。 3. 成立课题组，初步确定分工。	课题组全体成员	课题研究方案
（二）实施阶段	1. 搜集相关学习材料并汇编，组织课题组成员进行学习和研讨。 2. 举行开题论证会议，聘请有关专家对课题设计进行论证，完善课题研究方案。	李志东、江建亮负责与总课题对接、课题研究组织管理、课程设计、实操课组织实施、一节实操课（防诈骗实操课）的设计与视频拍摄，推荐优秀案例不少于3篇。 蒋荣辉、许少斌负责在厦门市第十一中学开展安全	

续表

时间安排	研究内容	参加者及分工安排	研究成果形式
（二）实施阶段	3. 通过问卷调查、座谈和访谈，对厦门市初中公共安全实操课建设的现状及其成因进行科学的分析，并提出相应的对策。 4. 选择8所初中代表学校开展试点工作。 5. 建立研讨制度，组织课题组成员对课题研究过程中遇到的问题进行定期或不定期的研讨，必要时组织课题组主要成员到外地学习考察。 6. 重点研究项目：反恐防暴、火灾逃生、防震、卫生保健及体育运动伤害应对。	实操课程研究、两节实操课（消防安全技能实操课和逃生场所的简单生存技能实操课）的设计与视频拍摄，推荐优秀案例不少于3篇。 翁建辉、王震负责在厦门双十中学思明分校开展安全实操课程研究、两节实操课（校园欺凌及校外暴力防卫模拟实操课和交通安全技能实操课）的设计与视频拍摄，推荐优秀案例不少于3篇。 孙剑飞、曹小明、陈怀楚负责课程实施现状调研与提出指导意见，制定课程纲要与具体内容阐释。 肖永庆、纪文雅负责在厦门大学附属科技中学、厦门五缘第二实验学校开展安全实操课程研究、一节实操课（常见运动损伤护理实操课）的设计与录制，推荐优秀案例不少于3篇。	安全实操课程资源、课例、教学设计案例

续表

时间安排	研究内容	参加者及分工安排	研究成果形式
(三)结题阶段	1. 征集与评选各种优秀案例、撰写有关的调查报告和研究论文。 2. 搜集、整理研究资料，对课题研究的成果进行总结梳理，并编印案例册，完成结题工作，提炼课题研究成果。 3. 撰写总课题结题报告，召开结题鉴定会议，推广课题研究成果。	课题组全体成员	优秀案例、调查报告、研究论文、结题报告

六、 研究结论

（一）厦门市初中安全实操教育现状调查及结果分析

1. 调查的内容与实施。

(1) 调查的主要内容。

本次调查采取问卷和访谈两种方式。

问卷调查共设计19道题目，主要围绕以下两个问题展开：客观性问题——学校开展安全教育的次数、实施人员、形式、内容、资源种类以及效果评价方式；主观性问题——学生对学校安全教育的实效评价和建议。

访谈调查围绕学校开展安全教育实操的现状，主要涉及以下几个方面：学校安全教育的具体实施、安全实操课程内容、安全教育工作人员素养、安全实操中遇到的问题和尝试解决的策略。

(2) 调查的实施。

问卷调查对象为厦门市初中在校学生。本次回收有效问卷11472份，其中初一年级学生占比32.44%，初二年级学生占比39.69%，初三年级学生占比27.87%。调查对象区域分布情况如图1所示。

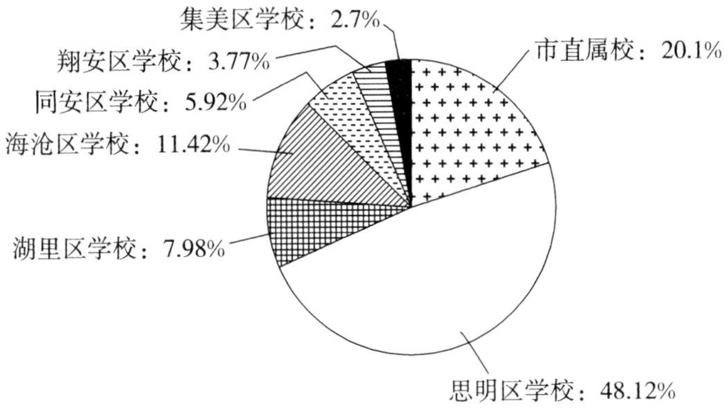

图 1　调查对象区域分布情况

访谈对象为学校校级领导、负责安全工作的部门（德育处或保卫科）。

调查重点选取了具有代表性的六中、双十中学、科技中学、五缘实验学校、十一中、云顶学校、双十中学思明分校、五缘第二实验学校、金尚中学等学校。选取的这些学校既有市直属的，也有区属的，涉及九年一贯制学校、完全中学和初中等类别。

2. 调查的结果与分析。

（1）普遍重视安全教育，安全工作制度完善。

学校基本成立了以校长为组长的安全领导小组，分管副校长具体负责督导实施安全教育策略，校长、分管副校长、中层、年段长、班主任各自明确安全责任，层层签订安全责任状。

学校制定详细的安全预案，排查安全隐患，落实校园安全防范措施，大力加强与安全职能部门的配合协作，认真整治校园周边环境，推动安全工作长效机制建设，完善安全预案及制度，定期召开安全工作会议及专项检查，研讨工作新问题。

学生的调查问卷显示：94.05%的学校能够反复强调安全问题，并大力宣传、积极开展安全教育活动（表 1）；学生认为在自身的安全教育问题上，学校起到 54.94%的作用，自身有 25.78%的作用，家长有 14.5%的作用（图 2）。由此说明，学校重视教育工作，并且达到了强化学生安全意识的目的。

表1 “您所在的学校经常开展安全教育活动吗?”各选项占比

选项内容	占比
反复强调安全问题，并大力宣传、积极开展安全教育活动	94.05%
明令禁止不安全行为，但很少组织宣传讲解或开展相关活动	5.09%
比较少，不太重视安全问题	0.51%
非常少，完全不重视	0.36%

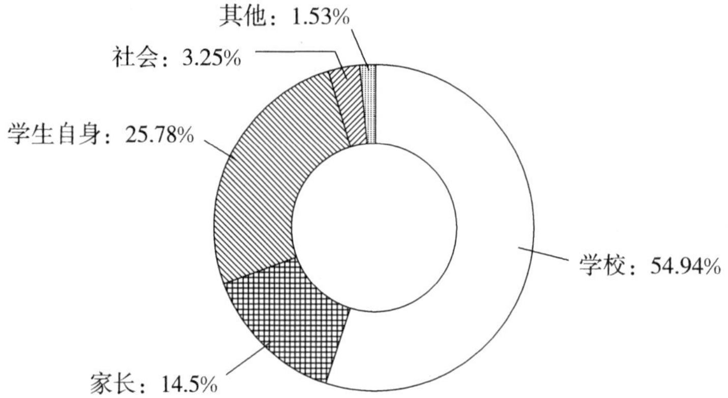

图2 调查结果

(2) 理论知识教育充足，但安全实操少。

学校进行安全知识教育的形式多样。比如：通过主题班会、国旗下讲话、安全教育专题讲座等形式对学生进行安全教育；通过黑板报、宣传栏、安全主题教室、长廊宣传阵地等对师生进行安全教育宣传；通过家长会、致家长的一封信、家长群、微信公众号等渠道宣传安全知识；利用学校安全教育平台、中小学生安全知识网络竞赛平台对学生进行安全教育；等等。

学校一般每学期有6—10节安全专题教育课，其中实操演练2—6次。安全实操多数以疏散逃生演练为主要形式，并且这种疏散基本是有准备的，缺乏应急操练。消防设施使用大多采用演示的形式，学生基本没有动手操练的机会。校园反恐实操演练多为保安的操练，而不是学生的操练。心肺复苏等施救技能，老师尚且未能达到全员掌握的程度。

学生在问卷中提出的建议有“急救可以多实操”“可以多开展几次实操让同学们更清楚危急情况下该如何自救”“可以多做一些演练”“加强生命救护”“还可以多开展一些演习”“可以有更多的真实的触感体验”“如果有实操的话，可以请一些同学上去试一下”“理论结合实践，使同学们真正懂得实操，而不是纯粹的理论知识”“让更多的人亲身体验”……回答中和“多实践”有关的达到70%以上。从上述的建议中不难看出，学生在实际的安全学习中真正动手实操的机会很少。从图3可以看出，学校采取的安全教育形式中，“安全实操课程”较少。

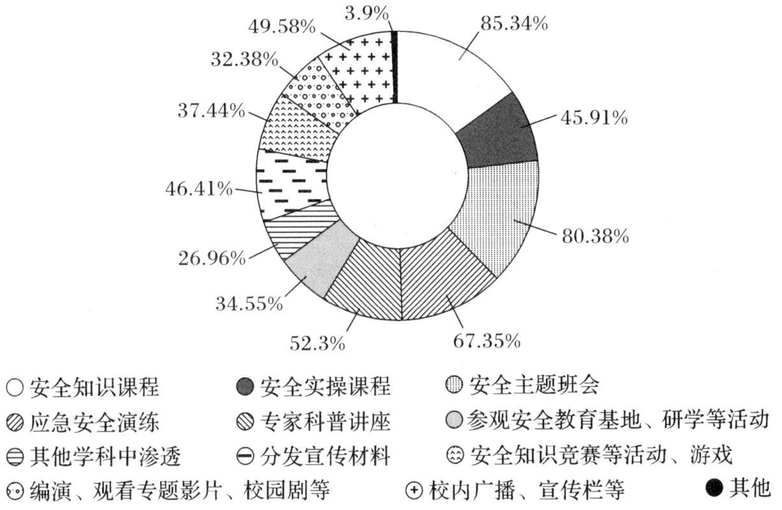

图3　学校采取的各种安全教育形式占比

（3）安全教育资源丰富，但尚无专用教材。

学校的安全教育能够根据相关时间进行有计划的推进。比如：利用“综治宣传月”“安全生产宣传月”“安全教育周”“防灾减灾宣传周”“毒品预防教育宣传月”“全国消防安全宣传教育日”“全国交通安全宣传日”“全国法制宣传日”等重要时间节点开展安全宣传及教育活动；利用“第二课堂网”开展每学期2节的禁毒教育课；利用每年防空警报试鸣的契机，开展防空疏散实操演练；利用学科课堂教学渗透安全教育；等等。但在安全教育中使用的资源是零散的，以宣传手册居多，缺乏专用的教材，更别说成熟的实操课案例了。

（4）安全教育活动多样，但课程评价缺位。

调查发现，学校的安全教育工作在“教”上的着墨较重，很少进行安全教育知识的检测，顶多举行安全知识竞赛之类的活动。安全教育工作有形式化嫌疑，出现了学生的安全意识强但安全素养低的情况。图4是调查学生所在的学校如何检验安全教育效果的结果，实操考试占比仅10.25%。关于实操的技能达标评价方式也是此次课题研究的内容之一。

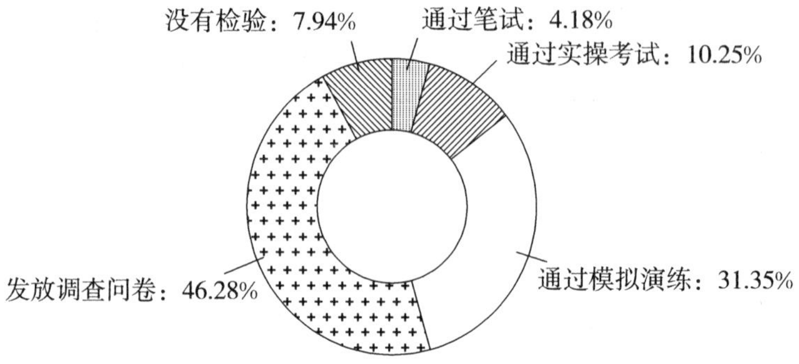

图4　学校检验安全教育效果的方式占比

（5）安全教育逐渐多元化，但专业人士稀缺。

访谈中发现，学校能够构建安全教育的家庭、学校、社会网络。通过转发各类安全教育文章和视频等信息，依托各种网络渠道落实开展安全知识教育。同时，借助社会的各类资源对学生和家长开展安全知识讲座，对学生进行安全教育。与属地派出所、交警队、消防部门、检察院、街道办等共建单位联防联动，邀请他们到学校给师生开展有关安全教育的讲座，进行安全教育。努力加强对安保人员、校医、体育老师、义务消防队等人员的自救与互救知识培训。

由上述内容发现，学校安全教育能够联合家庭、社会的专业人士进行，但是多为讲座形式，在教师群体中还停留在给一些部门的负责人进行最基础的培训上。由学生调查问卷发现，学校主要负责开展安全教育的人员中，排前三的是“德育处、保卫科”“班主任”“校领导”（图5）。不难看出，学校开展的安全课程实际上大多是口头安全意识教育，几乎没有安全实操。在学校多元化发展的今天，学校安全教育需要的不仅仅是一些部门或者人士的零星介入，更需要专业的安全教育培训师。

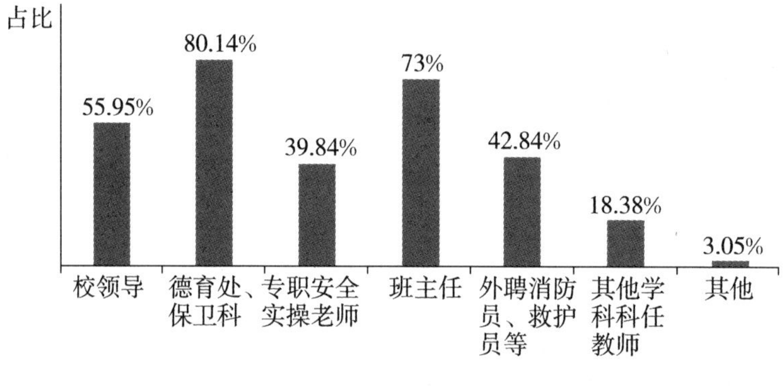

图5　学校主要负责开展安全教育的人员占比

（二）厦门市初中安全实操教育问题及成因

1. 安全实操教育存在的突出问题。

通过对厦门市初中安全实操教育情况的调研，值得肯定的是厦门市初中学校普遍十分重视安全教育工作，学校大多已经成立了专门的安全教育部门、学年安全工作领导小组等；学校师生安全意识强，学校的安全教育主题工作有条不紊地持续推进，结合一些安全教育日和安全事件，基本形成了系列性的安全教育活动。但是就安全教育宗旨而言，开展的安全教育工作所体现出的实效还有待加强，学校说得多，学生安全意识强，但在面对突发情况时学生的能力令人担忧，安全知识和安全意识不能有效地转化成安全技能和安全素养。

（1）学校安全教育囿于理论知识，缺乏安全实操技能及应急能力检测。

安全教育是一项长期的工作，有关安全的知识和技能的掌握是其宗旨，要养成良好的正确应对安全事件的习惯，避免对学生造成伤害的安全事件，并保障学生健康成长。但是，面对具体的学校安全教学对象，学校在整体的教学设置上还存在很多问题。例如，在具体操作中缺乏系统性、规范性，也没有相应的评价体系。安全教育课程多由班主任代课，安全教育内容空洞、方法死板、形式单一、缺乏操作性，只告诉学生不许做什么，没有告诉学生能做什么和怎么做，导致学生在面临安全威胁时无所适从。

从这些分析可以看出，在我们倡导的学校安全教育中，往往存在形式化的倾向，安全知识学生都知道，但如何在实践中正确使用却不一定做得到位。问题在于学校的安全教育仅仅把安全知识当作一门知识来讲授，不懂得掌握安全知识应指遇到安全问题时，能准确运用所掌握的安全知识解决自己面临的安全问题。

（2）学校安全教育没有基于教育理论进行整体课程设计，教法单一。

通过调研，不难发现，许多学校并没有把安全教育当作学科教育来抓，没有学习理论依据，课程缺乏整体设计，重教轻学、有做无测、重知识轻实践，其常见的教育方式有“集中突击型”和“纪念日庆典型”。

集中突击型，即将校园安全教育当作特殊时期的工作。例如，在节假日前、开学后几天，学校给师生敲响安全教育警钟，提醒学生注意自身安全；在新学期，利用新生入学教育的时机集中对学生进行安全教育。安全教育的内容大多是教育宣讲、讲座、疏散演练和版面宣传等，之后则很少对学生进行安全行为效果评估和技能培训。

纪念日庆典型，即利用一些纪念日、活动日开展安全教育的操作演练或者讲话宣传活动。例如，在每年国家安全教育日，邀请消防员、医护人员、民警宣传安全教育，并演练诸如火灾逃生的安全防范活动。尽管各个学校都成立了负责安全教育的相关机构，经常开展具体的安全教育工作，但局限于活动和演练，同样缺乏实操技能的培训。

2. 安全实操教育问题成因分析。

厦门市初中学校安全教育所表现出来的问题恰恰说明厦门的教育已经走在前列，上述问题是安全教育发展到一定阶段必然出现的问题，解决问题以后才有主观调控下的跨越式进步。

(1) 软件方面——没有把安全教育上升到学科教育的高度。

一直以来，安全教育的工作没有用专业的教育理论作指导，仅仅局限在告知的层面，这个层面是和学生在社会、家庭中能获得的安全知识一样的层面，没有体现出学校教育的专业性。因此，安全教育课程没有专业化的整体规划、开发，没有从“学”的角度考虑学情，没有进行教学策略的设计，也没有相应的评价体系。

(2) 硬件方面——缺乏开展实操的场地、经费和专业技术人员。

安全实操课需要学生亲身体验，实操课需要的硬件设施建设存在场地受限、经费不足等困难，同时学校学生人数多，每个学生都亲身体验需要大量的人力和时间。安全技能的教育需要非常专业的专职教员，学校很难配备。

综上分析，可以发现安全实操教育的推进急需两个“专业”——专业的课程设计和专业的场地、教员。

（三）厦门市初中安全实操教育的改进建议

1. 构建完善的安全实操教育课程体系。

完善安全实操教育课程体系是学校安全教育得以开展的一个重要基

础。良好的教育环境集家庭、学校、社会于一体，因而完善的安全教育课程体系也必然横贯家庭、学校和社会。

（1）基于学科教育的课程理念。

学校可以集合在课程设计上有能力的其他学科老师和保卫科老师一起开发校本安全实操课程，从教育学的专业角度进行课程设计，包含安全实操能力的评价体系设计。鼓励地方安全课程以及校本安全教材的开发。

（2）注重学科融合与前后衔接。

安全实操教育课程要注意与学生初中三年各学科的内容相结合，并注意与小学、高中的安全实操教育进行衔接。注意挖掘隐性的安全教育内容，与显性的安全教育知识相整合。

2. 促进社会、家庭、政府部门与学校的深度合作。

挖掘社会资源，形成专业的安全实操讲师团。由政府出面统一协调会更好操作，也可以实现资源分享最优化。发动家长成立“家长安全委员会”，开发家长资源，为学校安全教育的开展出谋划策。

3. 确保安全教育的经费投入。

学校要摆正安全教育的位置，把学校的发展与学生的安全教育紧密结合起来，立足于学生和学校的长足发展进行安全教育，关键还在于政策的落实，尤其是相关经费的切实投入。对安全教育的经费投入要公开、透明，保障安全教育基础设施建设到位。

4. 落实“一岗双责”，成立专兼职相结合的安全教师队伍。

由于危险的突发性和广泛性，一般教师在面临危险时可能会不知所措，错误的处理方式还会加剧对学生的身心伤害，造成无法弥补的后果，所以学校在进行安全教育的过程中，配备专业的安全教育教师是有必要的。学校现有的体育教师、劳动技术教育教师等经过专业培训可以胜任安全教育教师一职。此外，可以与校外的安全教育队伍建立联系，如医院救护队伍、消防队伍、警察队伍等。

建立安全教育教师培训与培养体系。其一，培训要具有前瞻性，培训内容除了解决当前问题，更重要的是能够预见可能会出现的问题。其二，培训要具有实操性，根据日常容易发生的问题和情况进行技能培训。其三，培训要具有评价性，要有培训效果的测试。

相较于其他教育问题而言，安全教育是一项比较复杂的系统工程。安全教育涉及很多方面的问题，比如交通、食品、卫生、消防等。学校安全教育有别于其他机构的安全教育，因为学校是专业的教育机构，这就赋予了学校更多的高层次的要求，即做安全教育工作要结合教育理论。本课题以其中的“安全实操课程开发”为切入点，突出安全教育发展阶段的实践性，最后达成学生安全技能以及安全素养的提升，使学生在面临安全性问题时少受伤害。

厦门市高中学段公共安全实操课课题研究报告

厦门市大同中学　潘海红

一、 核心概念界定

安全实操：学生亲自动手实践安全项目类的活动，具有可操作性、实用性、安全性等特点。

一节课：狭义的“一节课”是指正常授课的一课时。这里指广义的“一节课”，可以是正常授课的一课时，也可以是一次课外活动，还可以是一个系列活动，可能需要连续几课时才能完成，也可能需要分阶段、多次才能完成，相当于一个项目。

二、 研究意义

（一）理论意义

课程提供的内容与学生个体的“生活经验”相关，有利于激发学生参与的积极性。学生在愉悦的氛围中主动学习，参加实操，提高了中学安全教育的实效性。

（二）实际意义

有利于提高中学安全教育的实效性。在长期的教育教学中，学校积累了丰富的安全教育资源，将这些资源进行整理、提升，选取精华，编写成实操课程，能更好地发扬优良传统；同时，充实新鲜的内容，为学生的全面发展提供更多、更好的素材与活动方案，为社会培养更多的建设型人才。

有利于学生综合素质的发展。内容更加贴近学生，形式学生乐于接受，能最大限度地发挥学生的潜能，突出学生的主体地位，激发学生潜在的道德意识，增强学生的道德实践能力。

有利于拓展现有的安全教育资源，为其他中学开展安全教育实操提供典型案例和资源包，以便指导开展安全实操一节课的实践。

三、研究设计

（一）研究目标

本课题研究立足学生的年龄特点，将本地的教育教学资源与优秀的安全教育活动相结合，以学生为主体，以学生活动为主线，挖掘典型安全教育案例，结合新时期学校德育工作实践，探索开发厦门特色的安全实操校本课程，并注重弘扬中华优秀传统文化，寻求德育校本课程的实施策略和方法，培养学生成为品德优秀、身心健康的人。

具体目标：

1. 通过问卷调查与访谈。了解新课程背景下学生对安全教育的需求及其原因。

2. 研究传统优秀的安全教育活动方案，进行重新整理。

3. 编写适合高中学生使用的安全实操校本教程，整理资源包。

4. 探索中学安全教育活动实施模式。

（二）研究内容

1. 问卷调查与访谈。了解师生的安全意识与安全操作技能。

2. 典型案例征集。向全市的中学征集安全实操典型案例，聘请专家评审，选取优秀案例进行重点开发与完善。

3. 典型课程的开发与实践。在全市典型案例征集的基础上，进行分析、讨论，再结合问卷与访谈的情况，选取典型的安全实操案例进行深入开发。

4. 校园系列安全实操活动的设计。中学生大部分时间在校园学习、生活。开展适合中学生的高效的系列主题活动，让中学生在活动中体验，在参与中体会成长的快乐，分享奉献、服务、责任，通过活动提升品德。

（三）研究方法

研究方法有调查法、访谈法、行动研究法、文献法、案例研究法。

1. 通过问卷调查和访谈，了解厦门市高中安全实操教育工作开展现状、学生对安全实操的需求等，对所得数据进行分析，探究其中的原因。

2. 开展行动研究，结合观察与访谈，关注学生个体发展。

3. 查找文献，对高中安全实操相关材料进行加工、整理。

4. 利用典型案例，不断修改、完善。

（四）主要观点、创新点、难点

1. 主要观点。

围绕安全实操设计各种德育活动方案，编写以安全实操一节课为核心的校本课程。

2. 创新点。

安全实操课程既立足本地，适合本地德育工作的开展与深化，也能为其他学校的德育工作开展提供示范与指导。

3. 难点。

实操课需要物质保障、课时保证，一些学校比较难做到。

四、文献综述

（一）国外研究概况

美国中小学有着良好的安全教育传统，在多年的实践中，形成了一套比较完整的安全教育体系。比如，重视学校和其他社会组织的联系，重视学生的安全演习和实地参观，将安全教育内容融入生活和游戏中等，取得了良好的教育效果，降低了安全事故的发生率和伤害率。

日本重视学校安全教育。日本学校安全教育在不断推进、成熟的过程中，体系逐步完善，特色逐渐鲜明，有安全教材校本化和安全演练全员化两大突出特征；安全管理强调主体职责、事故防范和处置化解三项措施。在安全教育目标层面，基于学生发展和学校实际，旨在培养学生的生存能力；在安全教育内容层面，针对不同年龄和学段，围绕生活、交通和灾害等与学生人身安全息息相关的内容展开；在安全教育实施层面，采用以体育保健课为中心开展安全学习、在学科教学中穿插相关内容、在班级活动和课外活动中进行安全指导等多种方式。

俄罗斯中小学安全教育的内容十分丰富。在中小学开设生命安全基础知识课程，对中小学生进行安全教育，是中小学生接受安全教育最重要的途径。生命安全基础知识课程的开设按照循序渐进的原则，每个年级都结合学生的成长特点，不断补充学习内容。俄罗斯中小学安全教育呈现出鲜明的特点：政府重视，相关法律机制健全；安全教育目标服务教育总体目标；教育内容丰富，理论与实践结合；教育途径多样，各方有效合作。中小学生通过学习获得预防自然和人为危险、预防各种有害因素的相关知识，掌握危险情况下自救与互救的具体措施。除了在中小学校开设生命安全基础知识课程外，学校还组织专门的课外安全教育实践活动。比较有特色的是各地的防火灾宣传实践活动，教会学生在发生火灾时该如何行事，在烧伤和燃烧物中毒的时候如何实施救援。为吸引学生的注意力，组织者利用游戏和认知学习等方式，如小测试、猜谜语和展示生动的图像。每个年级在讲授安全知识的同时，都安排实践课程，各年级的实践课程分别占生命安全基础知识课程总课时数的 12.5%（1—4 年级）、21.5%（5 年级）、30%（6 年级）、21%（7—8 年级）、31.6%（9 年级）、11.1%（10 年级）。

综上所述，国外部分发达国家重视对学生的安全教育与实践，安全教育已形成完整的体系，重视理论与实践，重视让学生在活动与游戏中学习和掌握安全知识与技能。

（二）国内研究概况

自 1996 年起，我国确定每年 3 月最后一周的星期一为全国中小学生安全教育日，旨在全面推动中小学安全教育工作，大力降低伤亡事故的发生率，促进学生健康成长。国内学校的安全教育多数通过宣传、讲座等方式开展，真正进行实操的非常少，其中，中职学校开展安全实操的比中小学校更多，因为中职学校有一些教学设备与设施，可以开展实景模拟的安全实操。另外，国内中小学开展心肺复苏安全实操的比较多，也比较深入，研究成果较多。

综上所述，国内一些中小学也开始重视对学生的安全教育，但安全教育仍然缺乏系统性、规范性，也没有相应的评价体系。学校的安全教育存在重理论、轻实操的情况。绝大多数学校将安全教育等同于安全知识学习，安全教育存在流于形式、走过场的现象，表面热热闹闹，实际收效甚微，没有将理论与实践相结合，没有现场教学或模拟实操，没有让学生通过动手体验来真正掌握生活中的必备安全技能。

五、现状调查

（一）调查目的

通过问卷调查，了解新课程背景下厦门市高中校园安全实操教育工作开展的现状，了解学生对安全教育的需求，以便开发易于推广的高中安全实操课程，培养学生的安全意识，提升学生的自我救护能力和生活适应能力。

（二）数据分析

为了切实了解新课程背景下厦门市高中校园安全实操教育工作开展的现状，我们对厦门市高中学生进行了网络问卷调查，共收到2352份调查结果，其中高一年级1005份，高二年级1005份，高三年级342份。相关数据分析如下：

1. 您所在的学校经常开展安全教育活动吗？

91.88%的学生表示学校反复强调安全问题，大力宣传并积极开展安全教育活动。7.19%的学生表示学校明令禁止不安全行为，但很少组织宣传讲解或开展相关活动。认为学校不太重视或完全不重视的学生各占0.47%。结果显示，厦门市大多数学校比较重视安全教育，能够反复强调安全问题，大力宣传并积极开展安全教育活动。

2. 您所在的学校一般利用哪些资源和形式对学生进行安全教育？

所在学校使用宣传手册、传单、宣传栏、提示语、宣传画等进行安全教育的占60%以上，使用网站平台的占49.49%，使用动画、课件等的占40.65%。学生所在学校开设安全知识课程的占78.32%，开展安全主题班会的占82.61%，还有专家科普讲座、参观安全教育基地、研学、应急演练、知识竞赛、游戏活动等多种方式。但是学生所在学校开设安全实操课程的只有35.42%，34.01%的学生表示学校使用现成的专用教材，

22.11%的学生表示学校使用自编教材。调查显示，校园内开展安全教育的资源和方式较为丰富，多数为宣传、讲座等形式，也有开设安全知识课程，但真正进行实操的较为有限。

3. 您认为学校有必要开展安全实操教育吗?

认为有必要或很有必要开展安全实操教育的学生占98.3%，认为自己已经很重视了，学校没必要加强安全实操教育的占1.7%。结果显示，被调查学生普遍认为学校需要开展安全实操教育。

4. 学校有在您所属的年段开设安全实操课程吗?

83.16%的学生回答“有”，本题回答与第二题的回答有冲突，显示出学生还不能明显区分知识课程和实操课程，对什么是安全实操课程没有明确的认知。

5. 据您了解，您的学校开展了哪些主题的安全实操教育?您感觉您所在的学校哪个方面的安全实操教育做得最好?哪个方面的安全实操教育应该加强?

调查结果显示，厦门市高中开展的安全实操教育主题较为广泛，消防安全、交通安全和心理安全（危机识别、心理自助等）是普及面最广的三个主题，占比分别达到84.31%、81.97%和77.17%。这三个主题也是各所学校做得最好的。与此同时，学生认为最需要加强的是饮食安全、生命救护和心理安全三个主题。

6. 在您所在的学校，谁负责开展安全实操教育?您所在学校通常在什么时候开展安全实操教育?

调查显示，70%以上被调查的学生认为德育处、保卫科的老师以及班主任共同承担了主要的安全实操教育责任。调查还显示，班会课是最重要的安全实操教育阵地，在开学初、放假前和升旗仪式上开展安全教育最为普遍。有专职安全实操教师的学校学生在被调查对象中只有37.03%。

7. 您所在的学校是否有开展安全实操的实际演练?

49.15%的学生表示学校经常开展安全实操的演练，45.45%的学生认为学校只是偶尔开展，认为没有开展和不清楚的分别占1.83%和3.57%。调查结果说明，安全实操工作的开展还缺乏系统性和持续性。

8. 您觉得所在学校的安全实操教育效果如何？

74.87％的被调查学生认为这些实操演练强化了安全教育的重要性，认为增长了安全实操具体知识的有64.12％，57.23％的学生懂得了如何自救的安全技能，认为只有一些效果和没有任何效果的分别占19.35％和1.91％。调查结果说明，当前的安全实操教育取得了一定的效果，但是对学生安全意识的增强效果大于学生实际上的技能提升。

9. 您所在的学校如何检验安全实操教育的效果？

调查对象所在学校采用的安全实操教育评价方式中，有笔试的占5.74％，有实操考试的占14.07％，有模拟演练的占28.74％，发放调查问卷的占41.96％，没有检验的占9.58％。结果显示，当前的安全实操教育缺乏系统性，没有有效的评价体系。

10. 通过学校的安全实操教育，您觉得自己收获大吗？您认为学校在实施安全实操教育的过程中，还有哪些需要改进的地方？

认为收获很大且足以应对所有安全问题的占48.26％，认为收获比较大且足以应对一般性安全问题的占46.51％，还有5.23％的学生认为收获很少或者完全不了解。调查结果说明，当前的安全实操教育效果还有待进一步提升，教材、教学方法和教学内容都需要进一步优化。在此基础上，更加专业的任课老师也能进一步提升安全实操教育的效果。

（三）对策分析

1. 进一步提高学校对安全教育的重视程度，加强安全实操教育教学研究方面的落实力度，着力优化课堂教学过程。

2. 加强安全实操课程的系统构建，从教材、教学方法、教学内容、评价体系等方面展开完善研究。

3. 加强安全实操教育师资队伍建设，培养能够与时俱进的专兼职安全实操教育队伍，保障安全实操教育的质量。

4. 通过自上而下的推广，改善学校与学校之间对安全教育的重视程度和资源投入不平衡的情况。

5. 以校园安全实操教育为契机，邀请家长参与到孩子们的安全教育活动中，形成家校共识、家校共管、家校共赢的安全实操教育网络。

六、 主要研究结论

（一）设计通用的安全实操教学模板

经过课题组成员多次的研讨、实际授课，再修改、再完善，设计出了适合实操课特点的实操课教学设计模板。在实际授课中运用时，受到教师、学生的欢迎，教学效果良好。模板包括授课基本信息、背景分析、使用动作技能分析、学生分析、教学目标、教学资源、教学重点、教学难点、教学流程、教学过程、板书设计等。

（二）确立安全实操教学授课模式

通过情境设置、不同场景下的实操、任务驱动、考评总结的流程，遵循动作技能泛化、分化、强化、自动化的习得规律，基于任务驱动式的教学范式对安全实操课进行设计。例如《安全自救之游泳抽筋自救技能》，首先创设情境使学生在视觉、听觉和心理上产生共鸣，通过问题式教学引发学生思考，回忆水中抽筋的体验，总结发生淹溺的原因，引出自救“黄金2分钟”。同时将学习任务前置，利用任务驱动学生学、思、悟、练。其次，岸上实操和水中实操是本课的重中之重。教师借助问题、视频、图解、口诀和示范，在视觉、听觉、感觉等方面强化学生的水中抽筋自救技能感知，帮助学生初步掌握抽筋自救技能。再通过展示和分层强化学练，关注个体差异，增强不同水平学生的自信心，使学生的学练效果最大化。最后科学细化岸上和水中实操的考核评价内容，通过学生互评和教师总评反馈等考核方式，进一步落实自救技能的掌握，尝试进行由自学到指导他人的技能迁移，达到自救技能的自动化，即形成水中游泳抽筋自救本能。同时任务重提，鼓励学生进行课外拓展，通过学生自主开展公益授课的方式检验学习成果。

（三）规范安全实操教学流程内容

一份完整的课堂教学案例包括教学流程（图1）、授课课件、课堂实录、技能分解图示（图2）、拍摄脚本、微视频等。

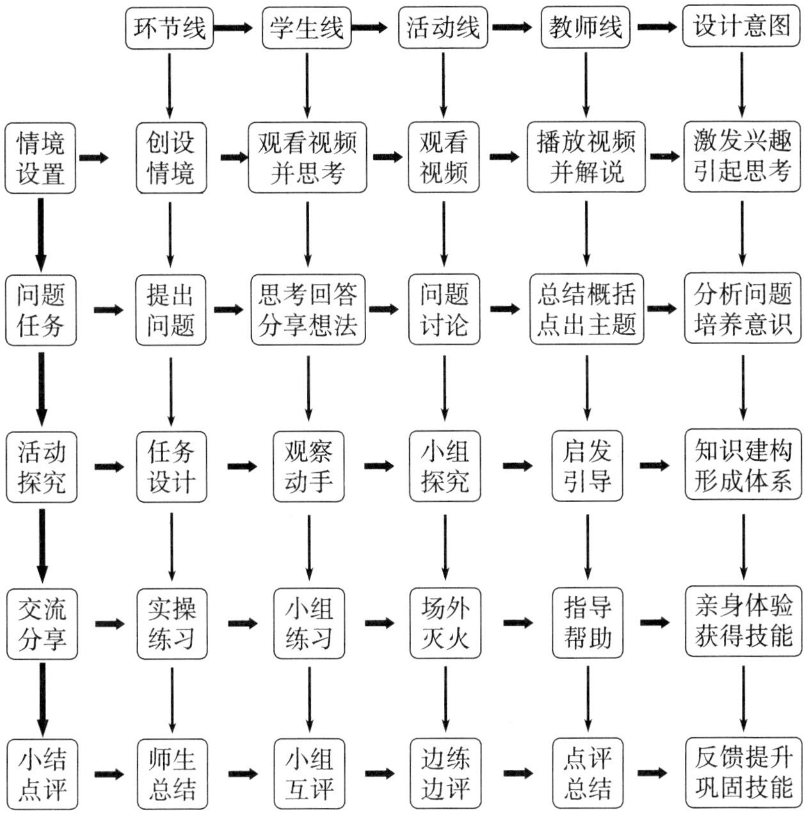

图 1　课堂教学流程图

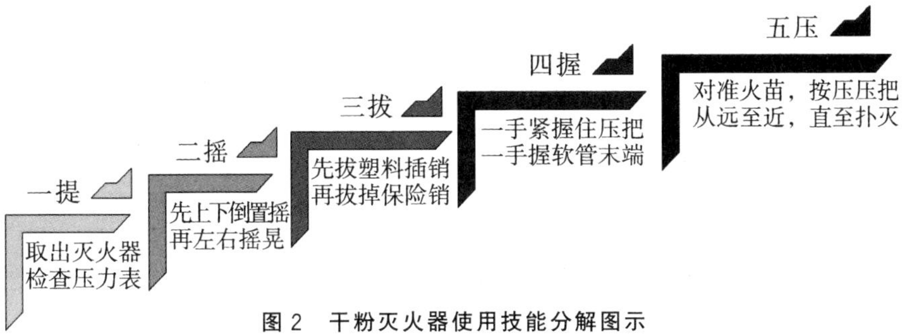

图 2　干粉灭火器使用技能分解图示

（四）通过开展安全实操课，增强学生的安全意识

想要杜绝安全事故发生，一种行之有效的方法，就是让学生牢记安全要素，及时发现自己身边的不安全因素，尽可能避免事故。通过安全实操课程的开展，学生对安全知识的理解更深入了，安全意识有了明显的提高，能随时发现自己身边的不安全因素，提醒自己身边的人注意安全。

（五）通过开展安全实操课，培养学生的自救与互救能力

在课题研究的过程中，我们将培养学生的实际操作能力放在首位，学生通过系统学习和实际操作，切实掌握救护技能，自救与互救能力有所提高。

（六）通过开展安全实操课，培养学生处理意外伤害、随机应变的能力

在日常生活中，有很多隐藏在身边的不安全因素，为了尽量避免意外伤害的发生，学生需要具备对突发事件的应变能力，学会就地取材进行应急救护。通过开展安全实操课程，学生掌握了一些必备的安全技能，学会就地取材处理伤患，对突发事件的应变能力逐渐增强。

（七）安全实操课教学反思

一是语言表述要规范、准确。安全教育关乎学生的生命安全，在安全教育相关的知识点和技能点上，用词不能出现差错，相关安全技能的描述务必征求专业人员的意见，务求准确到位，务求科学性。

二是教学内容与实施要审核。在安全教育的内容选择和实施上，需要结合政策要求、区域社会环境背景及学校教育教学实践背景进行分析，从而得出实操技能的切入点和学校教育教学实践的重难点。

三是教学设计和教学策略要细化。公共安全实操课程的实施不同于常态化、日常化的课堂教学，需要基于技能教学的实操课范式、基于学生技能学习的特点来开展。在技能分析层面，要抓住实操课的技能核心是什么，归纳操作技能具体的步骤和关键节点。公共安全实操从某种意义上说就像体育教学内容中的基本动作技术，有完整的动作要领，从动作要领中提炼出关键词形成口诀，是为了帮助学生更好地掌握该技能。在学生分析

层面，要明确学生已有的经验基础和技能基础是什么、学生学习这一技能的关键要素是什么、可能遇到的难点是什么、需要重点突破的是什么。在教学资源层面，要对实操课涉及的具体资源进行描述，具体明确相关资源、相关器材的数量和规格等。在教学重难点方面，一定要聚焦技能学习层面，特别是要具体到技能学习的某个方面。在教学目标方面，进行简化描述，不仅要抓住技能本身的学习掌握这一核心，更要抓住所学技能的运用情境和运用策略；要突显学生的主体性，要突出学生技能学习、技能掌握的水平，要符合目标表述的SMART原则。

七、 主要特色与创新

（一）市级组织多校联合研究

以往的课题研究主要是一个学校的课题组成员甚至是课题组主要成员的研究，是少数人的行为，等研究取得了一定的经验再普及推广，这就导致研究力量薄弱、研究进度缓慢等问题。本课题是在厦门市教育局组织下，由厦门市教育局安保处、厦门市教育科学研究院协调开展的，课题扩大了研究领域，提高了研究学校的社会影响力，有利于研究成果的推广，进而为全市公共安全做出实质性的贡献。

（二）系列化研究

课题研究过程紧密结合教学实际，多校联合开展，还有专业老师的参与，涵盖小学、初中、高中12个年级，集合集体的智慧，使得课题整体推进高效，课题研究成果突出。

八、 建议

（一）注重教师队伍的专业提升

教师在安全教育课开展过程中起到举足轻重的作用。对学校来说，想要落实教育部门对学生安全教育的要求，就必须组建一支专业且教学经验丰富的教师队伍。现阶段中小学在安全教育课程上安排的教师大多对安全教育的专业知识掌握不足，因为他们在大学期间及工作中几乎不会接触到关于安全教育的知识。随着保障中小学生安全的事宜越来越多，教师对新提出的安全管理细则越来越“陌生”，使得他们在教学中不能很好地引领学生学习安全知识。因此，只有加强教师队伍安全教育相关的专业培训，教师才能以身作则，从而保障安全教育课的有效开展。尤其是安保干部，要上一节专业的示范课。

（二）完善课程体系

着力优化教学内容、完善课程建设，是提升课程教学质量的关键。关于中小学安全教育课程总体结构建设，需要在课程重要性认识以及教学内容两方面进行优化。在课程重要性认识上，我国相关部门应该将该课编排为一门中小学必修的主要科目，同时在课程标准和课时的制定上提出严格要求，必须让中小学在安全教育课程上达到标准，对不同校方提出最低授课课时标准。在优化教学内容方面，可以根据实际情况，增强教育内容的针对性、生动性，教师可以多利用一些信息化手段，让学生沉浸在安全教育课堂气氛中。此外，要着力于“实操”二字，争取让每个学生都能掌握终身发展的必备知识与技能。

（三）加大教学研究方面的落实力度

当前应大力加强教学研究，相关部门及校方应予以扶持，配备一些能力较强的专职人员。另外，教研工作要时刻以课堂为主要基点，不断研磨新型的教学方法。可以通过名师带徒、深度课题分析、案例分析和教学反思等多种形式，引导学生与教师都投入到课堂中。同时，可以通过“请进来、走出去”等方式，聘请一些先进的专业人员与教师进行面对面交流；组织开展教学竞赛、教育教学研究等，让安全教育教师有展示的机会；应将线下研修与线上研修有机结合起来，加强安全教育课程资源建设，促进安全教育课程优质教学资源的共建共享。

图书在版编目（CIP）数据

中小学公共安全教育实操12课 / 厦门市教育局，厦门市教育科学研究院编. --福州 ：福建人民出版社，2023.12（2024.3重印）
ISBN 978-7-211-09161-4

Ⅰ.①中… Ⅱ.①厦… ②厦… Ⅲ.①安全教育—中小学—教材 Ⅳ.①G634.201

中国国家版本馆CIP数据核字（2023）第156414号

中小学公共安全教育实操12课
ZHONG-XIAO XUE GONGGONG ANQUAN JIAOYU SHICAO 12 KE

编　　者：厦门市教育局　厦门市教育科学研究院
责任编辑：谢云英　王丹艺
责任校对：陈　璟
出版发行：福建人民出版社　　**电　　话**：0591-87533169（发行部）
网　　址：http://www.fjpph.com　　**电子邮箱**：xyying2006@163.com
地　　址：福州市东水路76号　　**邮政编码**：350001
经　　销：福建新华发行（集团）有限责任公司
印　　刷：福建新华联合印务集团有限公司
地　　址：福州市晋安区福兴大道42号
电　　话：0591-88208420
开　　本：700毫米×1000毫米　1/16
印　　张：12.75
字　　数：206千字
版　　次：2023年12月第1版　　**印　　次**：2024年3月第2次印刷
书　　号：ISBN 978-7-211-09161-4
定　　价：28.00元

本书如有印装质量问题，影响阅读，请直接向承印厂调换。